《台湾同胞抗日人物集·1》
编委会

丛书策划:马　铁

丛书主编:吴艺煤

丛书副主编:王连伟

著　　者:徐　康

统筹编辑:曹玮鸿

　　　　　毕　磊

台海出版社

图书在版编目（ＣＩＰ）数据

台湾同胞抗日人物集.1 / 徐康著. －北京：台海出版社，
2015.8
（台湾同胞抗日丛书）
ISBN 978-7-5168-0715-6

Ⅰ．①台… Ⅱ．①徐… Ⅲ．①抗日战争－历史人物－生平
事迹－台湾省 Ⅳ．①K820.858

中国版本图书馆 CIP 数据核字(2015)第 210286 号

台湾同胞抗日人物集-1　　　　　　　　台湾同胞抗日丛书

著　　　者：徐　康
丛书策划：马　铁　　　　　　　　　丛书主编：吴艺煤
丛书副主编：王连伟　　　　　　　　本书统筹：曹玮鸿　毕　磊
责任编辑：姜　航　　　　　　　　　装帧设计：天下书装
版式设计：唐嫣荣　　　　　　　　　责任印制：蔡　旭

出版发行：台海出版社
地　　址：北京市朝阳区劲松南路 1 号　　邮政编码：　100021
电　　话：010－64041652（发行，邮购）
传　　真：010－84045799（总编室）
网　　址：www.taimeng.org.cn/thcbs/default.htm
E-mail：thcbs@126.com

经　　销：全国各地新华书店
印　　刷：三河市航远印刷有限公司
本书如有破损、缺页、装订错误，请与本社联系调换

开　　本：720×1020　　　　　　　　1/16
字　　数：175 千字　　　　　　　　印　张：14.75
版　　次：2015 年 9 月第 1 版　　　印　次：2015 年 9 月第 1 次印刷
书　　号：978-7-5168-0715-6

定　　价：36.00 元

序

　　抗日战争的伟大胜利是中华民族走向复兴的历史转折点，为中国共产党带领中国人民实现彻底的民族独立和人民解放奠定了重要基础。从 1937 年日本发动全面侵华战争，到 1945 年日本政府宣布无条件投降，八年时间内，面对日本军国主义的野蛮侵略，不愿做奴隶的中国人民同仇敌忾，奋起抵抗，同日本侵略者进行了气壮山河的英勇斗争。在空前惨烈的抗战岁月中，台湾同胞始终与祖国同呼吸，共命运，以各种方式参加和支援祖国的抗战，作出了不可磨灭的贡献。

　　《台湾同胞抗日丛书》包括《台湾同胞抗日人物集》、《台湾同胞抗日团体》、《台湾共产党抗日史实》和《台湾光复》（画卷），将于台湾光复 70 周年前夕，陆续与读者见面。这套丛书从不同角度展示"祖国的抗日战争，台湾同胞没有缺席"的历史事实，反映台湾同胞反抗外来侵略的不屈精神，他们之中有杰出的台湾女性革命家谢雪红，从黄埔军校走出来的台籍抗日将士李友邦，智取《田中奏折》的蔡智堪，为第二次国共合作而勤勉工作的谢南光，支持日本战俘反战运动的康大川，用文字或电影作为抗战武器的李纯青、何非光，为筹划收复台湾做出重要贡献的刘启光、连震东、谢东闵、黄朝琴等。在祖国大陆的台湾同胞自发成立广东台湾革命青年团、上海台湾青年读书会、台湾义勇队、台湾革命同盟会等爱国组织，积极投身于抗日复台的活动。

1

台湾共产党在岛内领导台湾同胞开展抗日运动，以台湾从日本殖民统治下获得解放，回到祖国怀抱为革命理想。丛书以台湾同胞反抗日本殖民统治、投身于祖国抗日战争，祖国大陆同胞支持和援助台湾同胞的抗日斗争为主题，透过海峡两岸同胞共御外侮的抗日历史，彰显台湾和祖国大陆不可分割的血脉联系。丛书的作者和编者，是从事台湾抗日历史研究的专家或学者。书中许多史料是第一次对外披露，具有较高的史学价值。

在这场波澜壮阔的全民族抗战中，台湾同胞用可歌可泣的实际行动续写了爱国爱乡的光荣传统，书就了民族精神的壮丽篇章。今天，当两岸同胞共同为实现两岸关系和平发展、为实现中华民族伟大复兴而奋斗的时候，我们再一次回顾、记取台湾同胞为台湾光复和祖国统一而竭心尽力的这一段历史，显得尤为珍贵，更加具有现实意义。

全国政协副主席　　林文漪
台盟中央主席

前　言

2010 年，我负责中国民主党派历史陈列馆之台盟展览文图编辑，由此接触到台湾同胞抗日内容。兴趣所致，深触所及，一部恢弘的台湾抗日历史画卷，使我体悟爱国的台湾同胞对生命意义和家国情怀的阐释，我被他们深邃的生命激情和厚重的生命内涵深深吸引，由此萌生研究台湾抗日历史的愿望。

作为重庆红岩革命历史博物馆的一名历史工作者，曾被朋友问及，重庆人为什么要研究台湾抗日历史？抗战时期，重庆是中国的战时首都，国民政府和中共中央南方局在重庆为光复台湾做了许多工作，许多爱国台籍人士在重庆留下了光辉的抗日足迹。抗战胜利，收复台湾的队伍由重庆出发，在台北公会堂接受日本侵略者投降书，与台湾同胞共同见证台湾回归祖国的重要历史时刻。2010 年，台湾光复 65 周年，为铭记近代中国的这段重要历史，重庆市与台盟中央共同修建了台湾光复纪念碑。研究抗战时期中共中央南方局所开展的台湾工作，是重庆历史工作者的一项重要课题；探究抗战时期重庆与台湾的特殊渊源，传播台湾抗日历史，让更多的中国大陆同胞了解和认识台湾同胞，让台湾民众感受先辈的爱国凤愿是我们历史工作者的使命和责任。

本书共撷拾 30 位爱国台胞的抗日人生。第一次国共合作时期，受黄埔军校革命氛围熏陶的台籍人士，参加北伐战争，投身于祖国大陆的革命，呼吁祖国同胞援助台湾抗日运动。在祖国"五卅运动"中成长起来的一部分台籍共产主义者，于上世纪 20 年代在上海创建台湾共产党这面抗日红旗，对当时台湾最活跃的台湾文化协会和台湾农民组合开展非武装抗日运动产生了重要影响，在台湾抗日史上具有重要地位。1937 年抗战全面爆发，促成了第二次国共合作，在祖国大陆的爱国台胞发出振聋发聩的声音："保卫祖国，收复台湾"，不仅奋战在抗日前线，并参加光复台湾的计划，为台湾光复和祖国统一作出了重要贡献。"原乡人的血，必须流返原乡，才会停止沸腾！"走近爱国的台湾菁英，他们生命所焕发的不屈与抗争的英雄气质，他们蕴藉于胸的爱国爱乡情怀，令人感动和钦佩，使我们将历史、现实和未来串连在一起，产生对和平发展、民族振兴、祖国统一的强烈渴望和动力。

本书重点反映台湾同胞的抗倭精神和祖国情怀，人物排序不分先后。惜本人笔力不逮而书之难尽，望方家指正批评。部分台湾抗日志士的亲属对本书给予支持和帮助，台盟中央宣传部郑世凯部长对本书提出了许多宝贵意见，丛书主编和台海出版社对本书倾注了大量心血。在此一并致谢！

目　录

谢雪红　反抗侵略的台湾女杰

谢雪红（1901—1970 年），女，原名谢氏阿女，台湾彰化人，祖籍福建同安。1925 年曾在上海加入中国共产党，同年被派往莫斯科东方大学学习。1928 年参与台湾共产党的组建，后数次被捕入狱。1947年参加台湾"二·二八"起义，同年在香港重新加入中国共产党，并组织成立台湾民主自治同盟。1949 年参加新政协筹备会议，出席全国政协第一届会议和开国大典。

1925 年的谢雪红

新中国成立后，历任台盟第一届总部理事会主席，政务院政治法律委员会委员，华东军政委员会委员等职。1958 年被错划右派。1970 年 11 月 5 日在北京病逝。1978 年，错划右派问题得到平反。1986 年其骨灰移放北京八宝山革命公墓。

谢雪红出生于台湾一个贫苦家庭，当过童养媳，凭借勤奋与聪慧成为台中最早的职业女性。她在祖国大陆参加革命运动，被中国共产党派往上海大学、莫斯科东方大学学习。谢雪红受命于共产国际筹建台湾共产党，在台湾农民组合和台湾文化协会等进步组织中发展党的力量，她的革命主张对台湾的抗日民族解放运动产生了重要影响。谢雪红对个人命运的反抗，对日本殖民统治的反抗，凸显其坚韧而顽强的性格特质。

目睹"五四运动"

1919年4月，谢雪红跟随张树敏（出身于台中富户，曾任台南帝国糖厂甘蔗委员，1919年1月替时为童养媳的谢雪红赎身）来到青岛。这是她第一次踏上祖国大陆的土地。谢雪红在青岛观看梅兰芳演出的京剧，目睹祖国如火如荼的五四运动，使她的思想受到影响。青岛民众抵制日货行动和学生们的反帝爱国演讲，唤起谢雪红的祖国情怀，她在《我的半生记》中回忆道：

> 有一批天津大学的学生到济南、青岛等地宣传爱国主义思想和革命的道理……因日帝占领青岛势力很大，所以他们不能进行公开的反日帝的宣传……我听到他们说"反对日本帝国主义的侵略"啊！"打倒日本帝国主义"啊！这些对我来说实在是很新鲜的辞句，心里顿然感到很兴奋；又听他们说中国现在好像一只睡着的猛狮，它醒来的时候会强大无比，那时候中国就不再受列强欺负了……我听到祖国有一天会强大起来，不再受人欺负，就觉得能有这一天真荣幸啊！

谢雪红出生于台湾社会底层，父亲谢飑是一个靠劳力维生的挑运工人，她从小就备尝日本殖民统治下生活的艰辛。在青岛听到反对日本侵略的口号，谢雪红感到很新鲜，这是她身处日本殖民当局高压统治下的狭小生活圈子里，从未听到过的言语；也感到很兴奋，激发了她的反抗意识。从这段回忆文字，可见谢雪红对祖国有一种亲切感，她期望祖国强大。

爱国学生的激情演讲，使谢雪红了解俄国"十月革命"，产生对幸福社会的渴望，她说：

> 这些学生还给我们介绍了一些俄国"十月革命"的经过情形，他们给我们看一些俄国革命的照片和图绘。他们说，俄国的工人、农民和士兵起来打倒俄国皇帝，又推翻了反动的临时政府，终于取得了革命的胜利；如今，俄国的工人、农民不再受压迫和剥削了，每一个人都过着自由、幸福的生活。我听他们讲这些生动的故事，又看到了一些真实的相片，感动极了。自由、幸福的生活，这是我多么渴望的社会啊！其中有一张相片，他们说这是工人、农民和士兵去攻打临时政府机关（冬宫）的情景：遍地覆盖着皑皑的白雪，远景的冬宫已被炮弹打中了许多处，一批批革命斗士正在向它冲上去；近景则躺着许多已牺牲的革命战士，鲜血洒满遍地，真是个前仆后继、勇往直前的悲壮场面。革命的惨烈情景活现在我眼前，令人热血沸腾、心情激动久久不能平静下来，我觉得自己好像在梦中醒过来一般，对革命开始抱着无限向往的情感。

由于家境贫寒，谢雪红六七岁就开始承担家务，九岁进工厂做工，从未上过一天小学。为了替家里还债，十三岁时谢雪红被卖给别人当童养媳。五年以后，她终于反抗而逃脱童养媳的命运，却又落入虎口，被张树敏以帮她"赎身"为名而骗为妾。在青岛时，谢雪红尚不清楚自己"妾"的身份，她从青岛回台湾得知实情后，认为自己"刚跳出火海又被扔进刀山"。谢雪红原以为自己的命运掌握在别人手里，自己没有办法摆脱被蹂躏的命运，也没有人能帮助她脱离被摧残的痛苦。"十月革命"使谢雪红受到极大震撼，这群革命青年告诉她世界将要实现一种没有人压迫人、人剥削人的幸福社会，要为实现这种幸福社会而斗争，使她看到了希望，而产生向往革命的情感。她说：

> 看了革命战士的鲜血洒在满地的雪上，我知道这就是革
> 命，革命就必定要流血，要革命就会有人牺牲。看那洒在雪
> 上的战士鲜血，对这个印象我决意不要忘记它，于是，我就
> 决定把"雪红"两个字做为自己的名字……

倒在冬宫前的革命战士和被鲜血浸透的雪地，使她清楚地意识到这就是革命，革命就要流血牺牲。为了让自己永远不忘记"洒在雪上的战士鲜血"，她以"雪红"作为自己的名字（原名谢氏阿女），并在青岛一家印章店为自己刻了一枚"谢氏雪红"的私章。这枚私章跟随谢雪红五十余年，成为她革命生涯的历史见证。

谢雪红说：

> 青岛是唤起我汉民族精神、阶级斗争思想以及对幸福社
> 会憧憬的地方；在那儿停留的日子，也是我一生经历的转折
> 时期。

青岛之行，使谢雪红接触到祖国大陆的"五四运动"，唤起她的民族意识和革命情感，有了对理想社会的向往，对她后来的人生选择产生了重要影响。谢雪红在青岛停留三四个月后，随张树敏返回台湾。

英雄情结与女性革命主张

1924年4月，谢雪红再赴祖国大陆。在这次航程的轮船上，谢雪红结识因带领学生罢课而被台北师范学校开除的林木顺、李友邦（黄埔二期生，1939年在中共帮助下组建抗日组织台湾义勇队，1952年在台湾牺牲）等人。日后谢雪红与林木顺同赴莫斯科，并共同参加台湾共产党的组建。

谢雪红与林木顺等人一起抵达上海，目睹中国人在自己的土地上

被外国人欺辱的怪现状，知道中国被迫签订的许多不平等条约，激发他们的民族义愤，使他们产生为革命而学习的思想，并参加祖国大陆同胞举行的反对帝国主义侵略的爱国运动。

谢雪红去杭州瞻仰岳飞墓和秋瑾墓，她回忆道：

我认为像岳飞和秋瑾那样为国殉难是做人的最高境界，敬佩他们之余，自己也决心要做一个这样的爱国者。

透过谢雪红对民族英雄岳飞和秋瑾的崇拜，其英雄情结可窥一斑。从青岛之行希望祖国强大，到杭州之行愿意为祖国的强大而奉献生命，谢雪红的祖国情怀愈加浓厚。

1924 年 6 月 17 日，上海台湾青年会在上海务本英文专门学校，举行反对"始政纪念日"（1895 年 6 月 17 日，日本宣布开始统治台湾，这一天被日本殖民当局定为"始政纪念日"）活动。谢雪红参加这次反抗日本殖民统治的集会活动。当时还没有台湾女性到上海念书和参加社会活动，因此谢雪红的到场特别引人注目。组织者称谢雪红为"一点红"，在组织者的要求下，谢雪红上台发表演说："台湾老家好不容易汇钱来，大家就该好好念书，将来可替台湾多做一点事……台湾妇女也应该出来做事，参加社会活动。要台湾人得到幸福，台湾妇女也要参加——好比大石也要小石垫靠一般。"参加这次活动的张深切（台湾文化界进步人士，参加"二·二八"起义）在三十多年后的回忆录中坦言，当时自己对没有进过学堂的谢雪红颇有些轻视，但谢雪红的演讲给他留下深刻印象，他连自己在集会上的表现都忘了，却记住了谢雪红的发言。这是谢雪红生平第一次在公众集会上作演说，她的女性革命主张：要台湾人幸福，台湾妇女也要参加革命，支持男人的运动，才容易成功，激起全场的喝彩。

谢雪红关于台湾女性参加社会革命的妇女解放主张是逐渐形成的。1921 年秋，谢雪红参加胜家缝纫机公司举办的缝纫机使用与修理讲习课程。培训预定三个月结业，谢雪红十分勤奋，三个多星期就掌握了所讲授的缝纫技术要领，公司立即雇用她为正式职员，她成为台中最早的职业女性。当时谢雪红已有了妇女解放意识，她希望能做一个欧美式的职业妇女，经济独立，自己掌握自己的命运。1922年谢雪红在台中开办缝纫店"嫩叶屋"，拥有自己的事业。当时，台湾女性几乎都依附于家庭，没有自己的职业，穿西装、骑自行车的职业女性形象在台湾十分鲜见，所以像谢雪红这样走出家庭、获得解放的职业女性备受关注。台湾著名家族雾峰林家的林献堂曾派人动员谢雪红参加台湾文化协会，认为她是"跳出家庭"束缚，"参加社会活动的前进分子"。台湾文化协会重要成员杨肇嘉曾拜访谢雪红。谢雪红与台湾的汉诗人张深儒（张深切之兄）、林子瑾等进步人士也有交往。

由台湾知识分子组织的台湾议会设置请愿运动，对谢雪红的抗日思想产生了影响。台湾议会设置请愿运动由新民会于1921年发起，要求台湾设置自治议会的运动。1923年成立台湾议会期成同盟会，作为开展议会设置请愿运动的常设团体，与日本殖民当局进行长期抗争。1923年12月16日，日本殖民当局对台湾议会期成同盟会实行大检举与逮捕，领导台湾议会设置请愿运动的蔡惠如（推动反抗日本殖民统治的台湾民族主义启蒙运动，主张台湾回归中国）等人被判罪。台湾民众听闻蔡惠如入狱的消息，争相声援并为他送行，谢雪红参加了文化协会组织的游行队伍。谢雪红回忆：

> 在嫩叶屋时代，台湾议会期成同盟会的关系者蔡惠如（清水人）和林幼春（雾峰人）被判要入狱。有一天，他们到达台中，当时文化协会组织群众到火车站去欢迎他们。欢迎群众跟着蔡、林两人游行到"台中州厅"的时候，我听到此事，骑自行车赶到，把车子扔在路旁，由人群中冲进去和蔡惠如握手，对他说："你们为台湾三百万同胞，太辛苦了……

敬佩得很。"当时我的心情是很激动的，感到能和这种为台湾
人民做事的人物握手是光荣的。

谢雪红钦佩台湾文化协会领导者蔡惠如等人为台湾同胞而与殖民
当局抗争的行为，随后参加台湾文化协会举办的各种演讲会和反抗日
本殖民统治的活动，使她对台湾政治和社会有了初步认识。在台湾文
化协会的妇女解放思想影响下，谢雪红逐渐形成台湾妇女也要参加社
会革命，才能促使社会革命成功的思想。

参加祖国大陆的反帝爱国运动

1925 年 4 月，谢雪红再赴祖国大陆。当时林木顺在杭州一中念
书，为躲避日警的注意和张树敏的追踪，谢雪红到杭州后化名谢飞英。
林木顺在杭州结识国民党浙江省党部负责人黄中美，黄中美还有一个
身份是中共党员。当时正值第一次国共合作时期，中共党员可以个人
身份加入国民党。谢雪红到杭州后，与林木顺住进国民党浙江省党部。
当时的国民党浙江省党部工作人员，几乎都是中共党员。谢雪红在省
党部的安排下，参加了杭州的政治革命运动。

谢雪红崇拜孙中山，在杭州积极参加纪念孙中山先生的追悼活
动。谢雪红回忆：

> 我参加了几次孙中山先生的追悼大会，每次都有几万人
> 参加。那时，在杭州设有一个公祭坛，每天有人送花环、吊
> 联去，或去宣读吊文、演讲等。就在这个时候，我们台湾青
> 年也打算要向大会献吊联；以前献这类吊联时，都不敢以
> "台湾人"的名义出现，而是用"福建人"的名义，这回我强
> 调一定得以"台湾青年"的名称提出。
>
> ……

我向大家说，我们隐瞒自己是台湾人，正中了日本帝国主义离间政策的毒计，我们应该公开表明自己是台湾人，让大陆同胞知道台湾人是爱祖国的，大多数台湾人是善良的。大家同意我的意见，于是，以"台湾青年一团"为名义的吊联就第一次在公祭场上出现了。这一来，使得当时社会上的一般人对台湾人的看法有所改变了，特别是因而促进了福建人和台湾人的团结。不久，"钱塘江大学"的福建学生就主动来找我们，商量组织一个闽台同乡会，会址设在钱塘江大学……这个闽台同乡会可能是闽台两省人民团结的最早的组织（用各种形式去组织、团结群众也是当时党的方针）。

　　台湾被日本侵占后，日本殖民当局为巩固其统治地位，破坏台湾和大陆民众的团结，怂恿台湾浪人到大陆沿海走私贩私，经营赌场、烟馆等，影响了台湾人的名声。许多善良的台湾人到祖国大陆行医、教书或经营企业，因担心被排斥而不得不假称自己是福建人或闽南人。在杭州参加反帝爱国运动的谢雪红、林木顺、陈其昌等人认为，不能中日本的离间计，应公开承认自己是台湾人，"让大陆同胞知道台湾人是爱祖国的，大多数台湾人是善良的"。在孙中山逝世公祭仪式上，谢雪红第一次以"台湾青年一团"名义敬献挽联。祖国大陆同胞和台湾同胞对孙中山都怀有深厚感情，谢雪红以悼念孙中山的方式，消弭大陆与台湾的隔阂，增进祖国大陆同胞对台湾同胞的认同。

　　纪念孙中山的追悼活动，掀起祖国大陆同胞反帝爱国运动的高潮，随后谢雪红参加纪念"五四运动"和"五九国耻纪念日"的集会和反帝示威游行，并接触《新青年》、《先锋》、《向导》等宣传马列主义和共产主义思想的先进刊物。

　　"五卅运动"爆发，在国民党浙江省党部的安排下，谢雪红任"浙江省工、农、商、学各工团联合会"宣传干事，她的主要工作是为支援上海罢工工人的基金募款。她用带着浓重闽南音的普通话（当时称为北京官话）向民众呼吁："爱国同胞啊！起来为一个死难的同胞报仇啊！打倒帝国主义啊！支持上海罢工工人啊！"谢雪红带领的募款队伍表现出色。谢雪红积极参加反对帝国主义侵略的集会和游行，发表演说："同胞们，别忘了还有 400 万台湾同胞在日本帝国主义的铁蹄下呻吟！"她的激情演讲吸引了祖国大陆同胞。谢雪红出色的演讲才能和组织才能在这次运动中得到展现。她参加游行途经东济医院时，把插在大门口的两面英国国旗撕得粉碎。她带领游行队伍冲击日本领事馆。谢雪红回忆：

> 我们游行队伍途经在半山上的"日本领事馆"时，我看到几个日帝的领事馆人员站在该馆的空地上，傲慢地俯视游行队伍。这时，我按捺不住对日帝的仇恨和怒气，领着一部分队伍冲进领事馆（约有一两百人，男女都有），把里面的桌椅等家具砸得稀烂，表示抗议，然后重新整队游行。

> 第二天报纸（大概是《浙江日报》）报道了这则消息说："爱国同胞们！赶快起来救国救民啊！不要做亡国奴！请看昨日领队冲进日本领事馆的台湾人多么勇敢啊！做殖民地奴隶是何等痛苦啊！"

谢雪红参加祖国大陆的反帝爱国运动，希望祖国收复台湾。谢雪红请林木顺、陈其昌以谢飞英名义写信给浙江某报，呼吁祖国大陆同胞毋忘台湾："爱国同胞们！岂不是把台湾忘掉了吗？为什么只提出收回租界、收回海关、收回领事裁判权、收回一切不平等条约，而却没有提到要收回台湾啊？"谢雪红、林木顺等人提出"收复台湾"的口号，得到祖国大陆同胞的热烈响应。第二天，报纸就以《不忘，不忘，不忘》的大字标题作出回应。此后，无论是报刊，还是传单、壁报等，都增加"收回台湾"的口号。

杭州是谢雪红革命生涯的起始点，她以满腔的赤诚投入革命运动。她说：

此时我真像一只刚从笼里飞出来的鸟，能在空中自由地飞翔，获得机会倾吐受帝国主义、封建主义等旧社会压迫、剥削的痛苦，因此，我毫无拘束地、毫无顾忌地、尽情地叫喊啊！冲啊！觉得无比痛快。

1925年6月，谢雪红与林木顺等人一起参加共产主义青年团。1925年7月，谢雪红被调到上海，参加五卅惨案救援会救济和募捐工作。当时谢雪红住在闸北商务印书馆斜对面，与总工会的干部住一幢楼。她的住处旁边就是瞿秋白的家。随后黄中美也调到上海，黄中美帮助谢雪红提高对共产主义的认识，对于谢雪红走上革命道路影响较大。1925年8月，黄中美介绍谢雪红加入中国共产党，据谢雪红回忆：

同年八月间，黄中美到闸北我的住处，向我宣布我已经被批准加入中国共产党了，介绍人就是他。当时我并没有写过自传和填过表格，只有他单方面问过我的经历而已；宣布入党时也没有其他人在场，更没有举行任何入党仪式。

1925年9月，中共上海党组织安排谢雪红进入上海大学社会学系学习。上海大学是中共和国民党左派联合创办的培养进步青年的学校，有很多台籍进步青年曾经在那里学习，如林木顺、翁泽生、许乃昌、潘钦信、蔡孝乾、洪朝宗等，这些人日后成为台湾共产党的骨干。进入上海大学之前，谢雪红开始接触党的地下工作，为地下组织的负责人和交通员传递秘密文件等。在上海大学读书期间，谢雪红与军方人士频繁接触，蒐集敌人的军事情报。

受中共派遣赴苏联学习

1925 年年底，中共派谢雪红和林木顺赴苏联莫斯科东方共产主义劳动大学（简称东方大学）学习。谢雪红回忆：

> 1925 年 10 月间，黄中美同时向我、林木顺和林仲梓（1925 年年底回台后病逝）三人宣布党命令我们赴苏联莫斯科"东方大学"学习；他说党派我们赴苏学习是为了培养干部，考虑将来帮助台湾的同志在台湾建党。

1925 年 11 月 20 日，谢雪红、林木顺等人启程离开上海，1925 年12 月 18 日抵莫斯科。

在东方大学，谢雪红和中共早期著名的妇女运动领导人向警予曾住同一宿舍，向警予常给她讲革命道理，探讨妇女运动经验。谢雪红与蔡和森、向警予等中共领导人交往，她的思想有很大进步。谢雪红与莫斯科中山大学的联系较多。宋庆龄、冯玉祥夫妇先后赴苏联访问，谢雪红参加中山大学为他们举行的欢迎聚会。当时黄中美也被党派到苏联，在中山大学学习，谢雪红与黄中美来往密切，对中山大学关于列宁民族问题的讲义表现出浓厚的兴趣。1927 年蒋介石发动"四·一二"政变，消息传到莫斯科，激起中国留学生的愤慨，谢雪红参加东方大学和中山大学的中国学生联合组织的宣传队，上街头、到工厂，向苏联民众揭露国民党破坏国共合作、镇压共产党的真相。

刚到东方大学时，谢雪红和林木顺被分在中国班。一星期后，共产国际通知谢雪红和林木顺转到日本班学习。谢雪红回忆：

> 第三国际决定叫我和林木顺转到日本班……听片山潜同志说第三国际考虑到我们以后的任务是要回台湾建党，又因当时台湾是日本帝国主义统治下的殖民地，因此第三国际决

定把我们转到日本班学习，对以后筹备建党方便……台湾经

济、政治体系属于日本，我们转去日本班学习较妥当。

共产国际认为当时台湾是受日本殖民统治，开展台湾的革命工作，需要与日共取得密切联系，在日本班学习可以加强与日共的联系，有利于以后回处于日本殖民统治下的台湾建党。当时全世界无产阶级革命，都是在共产国际的领导下开展的。因此中共服从也同意共产国际让谢雪红和林木顺转到日本班学习的决定。

共产国际委员片山潜是日本最早的共产主义者之一，也是日本共产党的缔造者之一。他在政治和生活上给予谢雪红的帮助和照顾较多。片山潜将山川均的著作《日本帝国主义铁蹄下的台湾》送给谢雪红，并订阅《台湾日日新闻》，以供谢雪红、林木顺参考，叮嘱他们注意收集台湾资料，以备日后在台湾建党之需。1927 年 9 月初，谢雪红和林木顺参加东方大学毕业联欢会。1927 年 10 月，片山潜正式代表共产国际，到东方大学向谢、林二人传达回台湾建党的决定。谢雪红回忆：

他说："共产国际决定命谢飞英、林木顺回国，组织台湾共产党，由谢飞英负责，林木顺协助。""台共"的组织工作由日共中央负责指导和协助，这个任务已委托给来莫斯科开会的日共中央代表团了。台湾是日本帝国主义的殖民地，日本本国的无产阶级应该协助殖民地台湾的革命运动。由于目前许多情况还搞不清楚，台共组织成立后暂时做为"日本共产党台湾民族支部"，透过日共中央间接接受共产国际的领导，待将来才接受共产国际的直接领导。台共建党的基层人员，可找一些参加中共党和日共党的台籍党员来作骨干，可要求两党的组织介绍各该党的台湾籍党员；党成立后，谢飞英和林木顺两人要去日本东京，在日共中央的领导下进行

工作。

谢雪红在苏联学习期间一直使用"谢飞英"的名字。当时共产国际注意到处于日本殖民统治下的台湾革命问题，认为日本工人阶级有责任援助殖民地人民的民族解放，共产国际明确指出台湾共产党的组织工作由日共中央负责指导和协助，台共组织暂时定名为"日本共产党台湾民族支部"。日共领导人片山潜与渡边政之辅认为谢雪红、林木顺回国后，可以中共和日共的台籍党员作为在台湾建党的基础。

筹建台湾共产党

1927 年 10 月，谢雪红、林木顺带着共产国际的重要任务——组建台湾共产党——启程回国。1927 年 11 月 13 日，谢雪红、林木顺抵达上海。随后，谢雪红与在上海的中共台籍党员翁泽生取得联系，商量在台湾建党的组织。翁泽生负责上海台湾学生联合会的指导工作，在旅沪台湾学生中具有很强的号召力。为筹组台湾共产党培养人才，谢雪红、林木顺与翁泽生一起组建上海台湾青年读书会，由翁泽生负责读书会的工作。1927 年 11 月底，翁泽生召集上海台湾学生联合会的左倾学生张茂良、林松水、刘守鸿、陈粗皮等人组成读书会。

1927 年 11 月 17 日林木顺赴日，谢雪红随后于 12 月上旬赴日。在东京期间，谢雪红与林木顺参考日共与中共的文件，开始草拟台共的总纲领及救援会、工人运动、农民运动、青年运动、妇女运动等提纲，并交日共中央审查。1928 年 1 月底，谢雪红和林木顺等人，带着日共的指示及筹备成立台共文件回上海。1928 年 3 月谢雪红、林木顺、翁泽生等人组成建党筹备委员会。因当时日本共产党在本国遭到极大破坏，便委托中国共产党负责指导台湾共产党的筹备和创立。

1928 年 4 月 13 日，在中共代表彭荣建议下召开"台湾共产主义者积极分子大会"，作为台共建党的预备会议。中共代表彭荣出席会议，参加会议的有林木顺、谢雪红、翁泽生、陈来旺、林日高、潘钦信、谢玉鹃及三位上海台湾青年读书会积极分子张茂良、刘守鸿、杨金泉。选定建党日为4月15日。

1928年4月15日，台湾共产党（日本共产党台湾民族支部）在上海霞飞路（今淮海中路）横通里金神父照相馆楼上宣告成立。出席者为中共代表彭荣、朝鲜共产党代表吕运亨，以及林木顺、谢雪红、翁泽生、陈来旺、林日高、潘钦信、张茂良等人。林木顺在会上作筹备建党经过情形的报告，他强调台共的成立对台湾的革命局势具有重要意义。之后，谢雪红当选为会议主席。彭荣在致词中分析"五四运动"以来中国无产阶级革命运动，重点分析国共从联合到分裂阶段的革命运动，他呼吁同志们要警惕对资产阶级的妥协。翁泽生在会中宣读由他起草的《青年运动提纲》等。翁泽生提出党的中央委员名额应该留给能回台湾领导工作的代表。会议选举林木顺、林日高、蔡孝乾（缺席）、洪朝宗（缺席）、庄春火（缺席）为中央委员，谢雪红、翁泽生当选候补中央委员。林木顺当选为书记。

1928年4月20日，台共中委再次开会，讨论台共建党宣言，草拟感谢中共给予协助的信函，强调台湾人对中共的支持及指导台共建党活动表示感谢，并希望未来能继续获得这种支持。会中首先推选林木顺为中央委员会委员长；候补中委翁泽生留驻上海，负责与中共的联系工作；谢雪红派驻东京，负责与日共的联系工作；陈来旺负责台湾共产党东京特别支部。

台共纲领主张台湾的无产阶级联合农民，将民族革命转为社会革命，"台湾民族革命是社会主义革命的先决条件"，在社会主义革命来临前台湾人民必将推翻帝国主义，赢得台湾独立。台共提出的口号是打倒总督专制，台湾独立万岁，建设台湾共和国，争取七小时劳动等。

当时台湾是日本的殖民地，只有台湾获得解放，才能回到祖国怀抱。正是基于这样的考虑，中共并没有对台共政治纲领所提出的"台湾独立"表示反对。无论是从谢雪红、林木顺、翁泽生等台湾共产党创建者的革命道路来看，还是从当年台湾共产党的大多数参加新中国的建设来看，乃至从在台湾岛内及海外的绝大多数老台共的政治主张来看，都十分鲜明地表达推翻日本殖民统治，坚决反对把台湾从祖国分裂出去的政治态度。

1928 年 4 月 25 日，台共成立仅仅十天，谢雪红等台共党员因上海读书会事件，在谢雪红住所被日本便衣警察逮捕，藏在住所的党的文件也被发现。后因谢雪红当时用"吴碧玉"的化名进行活动，日警没有找到相关证据，而将谢雪红遣返回台湾。因日警证据不足，谢雪红于 1928 年 6 月 2 日获释。谢雪红回台湾后，蒋渭水主动接触她，并与她交谈台湾民众的抗日运动情况。

谢雪红在台湾着手台湾共产党的重建，以台湾农民组合和台湾文化协会作为开展党工作的重点，对台湾的抗日运动产生了积极影响。日警档案记录了刚出狱的谢雪红在台中行踪：

> 屡次往返文化协会、农民组合本部事务所，与归台党员恢复联络，并准备将党的影响伸入文化协会、农民组合。在陈金山家接受林日高来访，互相交换情报，认为党并没有被发觉，今后岛内应依据既定方针继续活动。

谢雪红与台湾农民组合来往密切，农组领导人赵港曾说："雪红姐是农民组合的一根很大很大的柱子！"谢雪红的革命主张对农民组合产生了重要影响。谢雪红回忆：

> 农组的简吉、赵港、杨春松和杨克培首先来找我，和我认识，并向我介绍农民运动的情况和听取我的意见。此时，他们都知道台湾共产党已经诞生了，也晓得我到过苏联留

学，在他们面前我也不否认这些事实。我认为他们来找我并不是要找我个人而已，而是有意识地希望接受党的领导的；我也意识到自己在台湾是举着无产阶级革命旗帜的旗手；因此，他们对我们欢迎，即表示拥护党、拥护无产阶级革命的。

1928年7月，谢雪红帮助培养农民组合的青年干部，在农组本部开办的青年干部训练班上，主讲《国际无产阶级运动》、《西来庵事件批判》等课程，使农组的学员们对农民革命运动有了更深刻的认识，使农民运动成为有意识的农民革命与殖民地人民解放运动。

谢雪红向农组提出设立青年部、妇女部与救济部，以吸引更多农村青年和妇女参加农民运动。据日警档案记载：

谢氏阿女之青年部、妇女部、救济部组织提纲提案

参加台湾共产党的结党，成为候补中央委员，不久因受上海读书会事件而被遣返本岛的谢氏阿女获释后前往台中，出入于台湾文化协会以及台湾农民组合本部，依据台湾共产党结党当时的方针开始活动，俾使两团体成为党的影响之下的大众团体，并由党掌握其领导权。

……

谢氏阿女致力于扩大党对台湾农民组合的影响以后，为加强农民组合的青年部、妇女部的组织，以符党的方针，且为使农民组合新设救济部起见，将下列三提纲交农民组合中央。

一、台湾农民组合青年部组织提纲

二、台湾农民组合妇女部组织提纲

三、台湾农民组合救济部组织提纲

组合方面于同年八月二十九日召开中央委员会，简吉、侯朝宗、庄万生、陈德兴、陈昆仑、简氏娥、陈海等人出席，邀请上述三提纲的提案人谢氏阿女列席，予以审议后决定通过，决议依据此一方针来进行青年部、妇女部以及救济部的建立及其扩展。

谢雪红在《台湾农民组合青年部组织提纲》中指出，青年无产阶级在解放运动中占有重要地位，农组的青年部在培养人才方面较弱，没有形成坚定的组织，没有教育机构、研究会及训练班，使大多数青年无法接受教育，因而组织没有新发展。她在《台湾农民组合妇女部组织提纲》中指出，台湾妇女为了解放自己，要参加无产阶级运动，妇女运动应该成为无产阶级运动的一支部队。妇女已经可以担任与男性相同的重要任务，不必忍受过去的习惯与因袭的束缚，应该逐渐走上解放运动，与无产农工兄弟携手并进。她认为农组应该积极吸收更多农村妇女参加农组运动，并提出扩展农组妇女部的计划。关于建立农组救济部，谢雪红指出，无产阶级运动会更加发展，统治阶级的暴压会更加苛酷，组织救济部不仅救济为革命牺牲的斗士和家属，亦可帮助农组的发展，使农组成为真正的斗争团体，搭起农民向资本家地主进行斗争工作的舞台。1931 年简吉在农组运动受到殖民当局镇压后，组织赤色救援会继续进行反抗斗争，救援会就是谢雪红所提出的救济部的延续和扩展。

1928 年 8 月 29 日，谢雪红出席农组的中央委员会，商议召开农民组合第二次全岛代表大会有关事宜。据日警档案记载：

台湾共产党对于台湾农民组合的影响步步进展，进行着研究会的举办、组合内思想统一的达成、各团体共同战线的实践、农民组合各项方针的决定等。在同年九月，已经到了在最高干部之间公然讨论支持台湾共产党的问题。

昭和三年（1928 年）八月二十九日，干部简吉、侯朝宗、庄万生、陈德兴、陈昆仑、谢氏阿女、简氏娥、陈海等人出席，在农民组合本部召开中央委员会，就召开全岛代表大会进行商议，决定配合以东京学术研究会员身份回台的岛外留学生盛大举行，其日期预定为十二月底。

1928 年 10 月 15 日，农组召开第二次全岛大会筹备会，审议大会议案，其中包括"建立青年部案"、"建立妇女部案"、"组织全岛性救援会案"等。1928 年 12 月 30 日，在台共谢雪红、林兑等人的指导下，农民组合第二次全岛大会如期举行。农组第二次全岛大会的议案与对策，几乎是依照台共东京特别支部的《农民问题对策》纲领进行的，其中"拥护苏俄联邦案"、"支援中国工农革命运动案"等议案极为引人注目。

为便于地下工作的开展，1929 年谢雪红、杨克培等人在台北开办国际书局，作为台共的秘密联络点。不久，杨克培又介绍其堂弟、台中商业学校学生杨克煌来国际书局当谢雪红的助手。国际书局出售的社会科学类书籍和传播马克思主义的书刊，吸引了很多进步人士，对传播革命思想起到了积极作用。谢雪红回忆：

好在用了"国际"这个新鲜的字眼做店号，在一些进步人士看来国际是会同第三国际（共产国际）连想起来的；加上招牌上画着的那一颗大红星也极吸引过路人的注目。书店陈列的书又大都是在普通书店买不到的新奇的书，不仅满足了进步人士的需要，而且也吸引很多读书人的好奇心。

1929 年 2 月 12 日，日本殖民当局进行"二·一二"大检举，日警到国际书局逮捕谢雪红和杨克培。刚正式开业不久的国际书局，在这次事件中遭到搜查，许多书籍被日警认为有"危险思想"，而被没收。国际书局招牌上的大红星让日警十分头痛。因谢雪红和杨克培被捕，国际书局事务工作暂时由杨克煌负责。此次逮捕的目的，是调查台湾共产党与农民组合的关系，由于殖民当局未查获农组与台共关系之相关证据，谢雪红于1929年3月1日获释。日本殖民当局采取分别"驱逐"（替获释者买车票，将其送回家）的方式，释放数十名因"二·一二事件"被捕的"危险人物"，以阻止他们同时获释而聚众活动。在"二·一二"事件中被逮捕，后保释出狱的杨春松，向谢雪红表达赴上海参加革命运动的意愿，得到谢雪红的支持后，离台赴祖国大陆。

作为台共的领导人，谢雪红十分重视在农民组合和文化协会开展党的革命工作，对农组和文协召开代表大会的政治方向产生了积极影响，并把"二·一二"事件后回台的苏新等人派遣到矿区和铁路开展工运工作，使台共的革命活动植根于工农群众中，对台湾的抗日解放运动产生了重要作用。

1929年夏秋，文协、工会、农组代表在蓬莱阁举行座谈会，谢雪红主持会议。日本殖民当局派去的"临监"在现场目睹会议的全过程，谢雪红的组织才能和演讲才能给"临监"留下深刻印象，他们意识到谢雪红在台湾运动中的重要性，改变过去以为谢雪红只是一个无学问的妇女，没有什么了不起的看法。其实，这是谢雪红1928年5月被押回台湾时，为隐瞒自己的真实身份而作的辩解，蒙蔽了检察官。

谢雪红关注日本无产者艺术联盟机关报《战旗》杂志，并于1930年10月设立新艺术刊行社，在宜兰、丰原、台中、屏东等地秘密建立《战旗》发行网。日警档案以《国际书局派的战旗发行网》为题进行记录：

> 同年十月前后，国际书局则设立新艺术刊行社于台北市入船町，且在宜兰、丰原、台中、屏东设置地方发行网，以非法形态每号发行三十多部。在已查明的范围内将其组织表

示如下：

宜兰　林材栋　六部

张清秀、刘泰定、杨换堂、林何炎、庄旺来、

李圳

丰原　张信义　十部

林水龙、吴石麟、郭荣昌、林碧梧、郑明禄

王敏川

台中　吴拱照　八部

陈传旺、张庆章、颜锦华、陈昆仑

屏东　王文虎　八部

其他以个人名义购读者，似乎已达相当数额。

后由于日本的《战旗》遭取缔，谢雪红在台湾建立的《战旗》发行网亦不得不取消。

1930 年 10 月 27 日，谢雪红主持召开台共的"松山会议"，王万得、苏新、杨克煌、赵港等人参加会议，就加强台共的工运工作，巩固台共在文化协会的革命力量等进行商议。1931 年 5 月台共二大召开。大会后不久，谢雪红、杨克煌等人在国际书局被捕。其他党员，以及与党联系密切者也相继被捕，党的有关文件被查获。随后，日本殖民当局解散台共所联系的农民组合和文化协会。

1934 年春，日本殖民当局对"台共事件"的 49 名被告进行公审。审判官首先问谢雪红住在哪里？谢雪红倔强地回答："我住在地球上！"审判官再问："具体住哪？"谢雪红不屑道："我住在台北监狱。"审判官只好改用缓和的口气问道："你被捕前住在哪里？"看到审判官终于改变盛气凌人的态度，谢雪红才回答："我住在国际书局。"谢雪红在法庭上和审判长争论，要求松开手上捆绑的绳子，并斥责日警的武装威胁是对被告的凌辱，窘迫的审判长随即下令禁止旁听，谢雪红更厉

声指责反对秘密判决。

　　1934 年 11 月 1 日二审公审，审判长就是 1928 年 5 月谢雪红被遣返回台，曾经审讯过谢雪红的检察官。第二次与谢雪红在法庭上见面，审判长喝斥谢雪红："你还认得我吗？你还主张自己无罪吗？你还想溜过去吗？"谢雪红反驳道："你们说台湾共产党人是在做梦，难道做梦也要关十多年吗？"1934 年 11 月 30 日，二审判决谢雪红被判刑 13 年。谢雪红被捕前后和公审时机智勇敢的表现，竟被日警编为教材，作为典范让训练所的警员们学习。因"台共事件"而被捕判刑的王万得，晚年忆起这段经历时，称谢雪红在监狱中表现是最好的。1939 年谢雪红因病保释出狱。

表达对台湾问题的政治主张

　　1945 年台湾光复后，因受日本殖民当局严密监视而暂时停止公开活动的谢雪红，又重新活跃于台湾社会，成立台湾人民协会，主张民主与自由。1945 年 10 月，《大公报》记者、中共台籍党员李纯青随重庆记者代表团到台北采访受降仪式，他按照周恩来的指示与谢雪红等人联系。根据中共的指示，谢雪红隐藏身份，在台湾上层社会从事秘密工作。1947 年 3 月，谢雪红在台中组织二七部队参加"二·二八"起义。起义失败后于同年 5 月底抵上海，得到旅沪同乡会会长李伟光（原名李应章，谢雪红在台湾开展台共活动时，与李应章联系密切，因受日本殖民当局通缉，李应章赴祖国大陆，于 1932 年加入中国共产党）的帮助，并与中共中央上海局取得联系，同年 6 月在中共的安排下转赴香港。据谢雪红回忆，当时中共中央上海局工商统战委员会书记张执一，向她传达党的决定："飞英（谢雪红）在这里做对台湾人民公开的号召工作，在香港成立一个台湾组直接受中共上海局的领导。"

谢雪红与中国民主同盟的庄希泉、刘雪渔等人共同组建台湾问题研究会，团结"二·二八"起义后离开台湾的革命进步人士，开展反对蒋介石当局专制统治的活动。1947 年 8 月 25 日，谢雪红在《南侨日报》上发表《告台湾同胞书》，这是谢雪红离开台湾后的第一份政治声明，提出"台湾各阶层人民为了新台湾的建设，需要一起觉悟起来，团结起来，不断地奋斗。我们的目标是要求最彻底的民主自治，反独裁、反内战"。谢雪红鲜明地表达她的政治主张：台湾的出路是实现民主自治。在此之前，中共中央曾于 1947 年 3 月 8 日对台广播题为《台湾自治运动》一文，支持台湾人民"二·二八"起义。同年 3 月 20日、22 日又在《解放日报》、《人民日报》分别以社论形式发表《台湾自治运动》。中共支持台湾的自治运动，可见谢雪红的民主自治主张与中共的政治主张是非常接近的。1947 年 12 月 1 日，谢雪红以"一斐"的笔名发表文章《明天的台湾》，载于《新台湾丛刊》第三辑，文章写道："必须建立包括共产党、民主同盟等各民主党派及爱国民主人士的，代表全人民利益的，真正民主的联合政府。而台湾必须在这个联合政府之下，实现完全以台人治台的民主自治。这是台湾人民最正确的目标，而且是唯一的生路。""明天的政治必然是人民自身的，民主的，而且是人民愿意与必须参加的政治……明天的台湾是台湾人民自己的台湾，而（也）是新中国的富强康乐的一省。"由此可窥见谢雪红关于台湾民主自治的政治主张，绝非背离祖国的台湾独立论——这恰恰是她极力反对的——而是坚持国家统一的汉民族意识下的对台湾前途的一种理论探索。

台湾问题研究会在民主人士的热情支持和赞助下，成立新台湾出版社，发行《新台湾丛刊》，杨克煌、苏新任编辑和主笔。《新台湾丛刊》表达反对蒋介石当局的专制统治，坚决反对把台湾从中国分裂出去的政治观点，主张台湾实行民主自治，并积极响应中共的"五一口号"。《新台湾丛刊》创办初期，与廖文毅曾有短暂合作。据谢雪红回忆：

> 这个（台湾问题）研究会发展成立新台湾出版社，打算发行对台湾宣传的小册子。正在这个时候廖文毅由上海来到香港……章汉夫同志分析廖（文毅）的情况，指示我们对这种人可以争取、利用，因此决定与廖接触。我经组织批准后在九龙一家菜馆和廖文毅见面，谈话主要是办新台湾出版社的问题。

当时直接领导谢雪红等人在港工作的，是曾任中共上海工委副书记、香港工委书记的章汉夫。1948 年 9 月，章汉夫亲自陪同第一批离港的爱国民主人士北上抵达解放区。谢雪红按照章汉夫的指示，与廖文毅接触。此时廖文毅还是拥护中共的，并因反对蒋介石当局而被通缉，他曾在 1948 年发表拥护中共"五一口号"的文章。廖文毅同意为新台湾出版社出一部分房租费，但当谢雪红、杨克煌、苏新等人逐渐了解到廖文毅的"托管论"（即台湾先由联合国托管再由公民投票寻求独立）与"台独"主张后，坚决与其决裂。谢雪红等在 1947 年 11 月 1 日出版的《新台湾丛刊》第二辑《胜利割台湾》中强烈批判战胜之后的美国托管论，是荒谬的"胜利割台湾"，整个专辑完全针对廖文毅的主张而来。

1947 年 11 月 12 日，孙中山先生诞辰纪念日，在中共的帮助下，谢雪红、杨克煌、苏新等人在香港正式成立台湾民主自治同盟，确定《台湾民主自治同盟纲领草案》，制定《台湾民主自治同盟规程草案》，并发布《台湾民主自治同盟时局口号》、《台湾民主自治同盟第一次代表会文告》等相关文件。台盟在政治上反对独裁专制，要求实行人民民主制度，设立民主联合政府，实行台湾之民主自治等，反映了谢雪红等人的政治观点和政治诉求。1948 年 4 月 30 日，中共中央发布纪念五一劳动节口号。其中第五条指出："召集各民主党派与人民团体、社会贤达，迅速召开政治协商会议，讨论并实现召开人民代表大会，成立民主联合政府。""五一口号"表达了包括台湾同胞在内的全国人民的共同呼声，也必然得到全国人民的拥护和支持。台盟于5月7日发表《告台湾同胞书》率先响应中共"五一口号"。谢雪红和她所领导的台盟，正式接受中共的领导。1949年1月17日，台湾民主自治同盟发表声明："全国人民决不容许美帝国主义的侵略，并反对任何对中国的干涉。台湾人民呼吁全国人民，为建立一个独立富强的新中国，设若美帝以任何借口要控制中国国土的任何一个地方，尤其是台湾，中国人民必须不惜任何牺牲向它作战到底。"声明坚定地表达了谢雪红及台盟反对分裂国家的主张。台盟成立时并没有完全对外公开，也没有组织机构。直到1948年8月，人民解放战争即将取得决定性胜利，台湾民主自治同盟成立的消息才正式公诸于众，与此同时成立了台盟总部组织机构——理事会，理事为谢雪红、杨克煌、苏新。1949年，谢雪红正式担任台盟主席。

谢雪红按照中共中央上海局的指示，积极联系在香港的何香凝、廖梦醒、蔡廷锴、李济深、彭泽民、章乃器等著名爱国民主人士，他们支持和鼓励谢雪红等人筹建台湾人的政治团体（即台盟）。谢雪红与香港达德学院（周恩来、董必武授意创办）关系密切，推荐在港的进步台籍青年古瑞云（周明）、陈昭德（林东海）、纪朝钦等人入达德学院学习，并带着他们一起拜访达德学院的出资人蔡廷锴（民革创始人之一）和院长陈其瑗（民革创始人之一）。达德学院浓厚的民主氛围对台籍青年的思想产生了不小的影响。谢雪红在宋庆龄任会长的华南救济总会举办台湾青年学习班，培养进步台湾青年参加革命活动。谢雪红与宋庆龄关系密切。1948年夏，谢雪红向宋庆龄推荐枪法好、会柔道的台湾青年蔡仲伯，以保护宋庆龄的人生安全。随后，谢雪红和杨克煌介绍蔡加入中共。蔡仲伯深得宋庆龄信任，任宋的侍卫兼秘书。1948年秋，在一次民主党派的集会上，民革领导人李济深向台盟领导人谢雪红建议，争取知名台籍人士、国民党台湾省党部主委丘念台留在香港。谢雪红采纳李济深的建议，与台盟香港支部主委丁光辉商量后，派傅孟锦赴广州，请丘念台参加台盟领导工作。傅孟锦奉命向丘念台转达谢雪红的敬意，并说明谢雪红邀请丘念台参加台盟的诚意。据傅孟锦回忆，丘念台婉拒了谢雪红的邀请，回道："我的问题我考虑了很久，李济深先生曾托人带口信给我，叫我留在香港，在上海的台人领袖谢南光也劝我不要回台湾。但我考虑，我不应从个人的观点来看问题，我是台湾人民的儿子，应该从台湾人民需要的角度去考虑……台湾人还在受苦受难，我应该在台湾人民有苦难的时候和他们在一起，我不想离开他们。"傅孟锦返香港时，丘念台让傅将一封短信转交谢雪红。

1949 年年初，谢雪红由香港北上到解放区。1949 年 6 月，谢雪红以"中国新民主主义青年团副主席"的身份参加在中南海召开的中国人民政治协商会议的筹备会。在筹备会议上，谢雪红代表台盟发表《处理台湾问题意见书》。周恩来在 1949 年 9 月 7 日政协筹备会议期间所做《关于人民政协的几个问题》报告中，指出："台盟是一个革命的组织，'五一'前就从事台湾人民的解放运动"，台盟以民主党派的身份参加新政治协商会议。谢雪红以台盟首席代表身份，参加 1949 年 9 月举行的全国政协第一届全体会议，并参加毛泽东主席主持的开国大典。她以台盟主席的名义接受采访时说："有史以来，台湾就是中国领土的一部分，台湾人民也是中华民族的一部分。收复台湾，曾是中国人民多年来反对日本帝国主义的斗争的重要目的之一。中国人民有权收回被侵占的领土，台湾重归祖国的版图是理所当然的……我们要警告妄想吞并台湾的帝国主义分子，谁想要用武力来侵略台湾，来奴役台湾人民，中国人民必将用对付日本侵略者的方法来对付他们。"谢雪红透过媒体表达反对外来势力侵略台湾、反对台湾独立的坚定立场。新中国成立后，谢雪红任政务院政法委员会委员、华东军政委员会委员等职。1970 年谢雪红在北京病逝。1978 年错划"右派"问题得到平反。1986 年，台盟总部在北京八宝山革命公墓礼堂举行了谢雪红的骨灰移放仪式。中共中央统战部副部长武连元在介绍谢雪红的生平时说："谢雪红同志当年在台湾有一定声望。尽管她一生中有过曲折和错误，但她为反对外来侵略，实现祖国统一而斗争的精神，以及为此而作出的努力，是不可磨灭的。今天为谢雪红同志举行骨灰移放仪式，正是表达我们对她的纪念，也是表达我们对过去和现在一切为祖国统一事业作出贡献的台湾同胞的崇敬。"

1950 年 6 月，谢雪红在北京台盟办事处

谢雪红参加"五卅运动"，加入中国共产党，在中共指导下筹建台湾共产党、创建台湾民主自治同盟，参加新中国建设，她政治革命生涯中的几个关键时期，与祖国大陆紧密相联。她曾说"人生应是不断探求真理的旅行"，这位杰出的台湾革命女性，以四十余载的风雨历程，书写对共产主义的信仰，她关于台湾问题的政治主张，蕴藉着深厚的祖国情怀和故乡情愫。

附录：谢雪红生平重要记事

时　间	重要记事
1901 年	10 月 17 日，出生于台湾彰化一个手工工人家庭。
1913 年	被卖做童养媳。
1917 年	到台南帝国糖厂做女工。
1919 年	1 月，被台南帝国糖厂甘蔗委员张树敏赎身为妾。后随张到日本神户。感受到日本左翼思想。 4 月，第一次到祖国青岛，目睹五四运动，感受到革命气息。
1923 年	4 月，谢雪红第一次来到上海、杭州。回台后，谢雪红加入台湾文化协会。这是她初次参加政治组织。
1924 年	谢雪红第二次来到上海。乘船途中，结识了进步青年林木顺、李友邦、郑太聪等人。6 月 17 日，谢雪红参加台湾人在上海召开的反对"始政纪念日"集会，第一次在集会场合上发表演说，她呼吁：台湾妇女也应该出来做事，参加社会活动。要台湾人得到幸福，台湾妇女也要参加。
1925 年	4 月，赴杭州，参加在杭州举行的孙中山逝世公祭仪式，第一次以"台湾青年一团"名义敬献挽联。随后参加了纪念"五四运动"和"五九国耻纪念日"的集会和反帝示威游行。 参加"五卅运动"，受委派组织支援上海罢工工人基金募款活动，并提出反抗日本、"收回台湾"的口号，加入中国社会主义青年团（中国共产主义青年团前身）。 8 月，谢雪红与林木顺等人进入上海大学社会学系学习。 8 月，加入中国共产党。当时正值第一次国共合作时期，谢雪红同时也成为国民党党员。 12 月，谢雪红、林木顺等被上海大学推荐到莫斯科东方大学深造。在东方大学期间，分在日本班学习，与日本共产党领导人德田球一、佐野学、渡边政之辅、片山潜等来往密切。
1926 年 至 1927 年	与林木顺在莫斯科东方大学学习。期间，谢雪红与向警予等革命先贤共同探讨革命运动理论。 转入日本共产党。 谢雪红、林木顺完成莫斯科东方大学学习后，于 1927 年 11 月，带着共产国际及日本共产党组建台湾共产党的任务回到上海，着手联络台籍进步青年。 1927 年 11 月 17 日林木顺赴日，谢雪红随后于 12 月上旬赴日。他们在日共领导人渡边政之辅处制定筹建台共的政治纲领和组织纲领等文件。

时　　间	重要记事
1928 年	1 月，谢雪红与林木顺从日本回到上海。 4 月 13 日，在中共代表彭荣建议下召开"台湾共产主义者积极分子大会"作为台共建党的预备会议。中共代表彭荣出席会议，参加会议的有林木顺、谢雪红、翁泽生、陈来旺、林日高、潘钦信、谢玉鹃及三位上海台湾青年读书会积极分子张茂良、刘守鸿、杨金泉。 4 月 15 日，台湾共产党（日本共产党台湾民族支部）宣告成立。中共代表彭荣、朝鲜共产党代表吕运亨，以及林木顺、谢雪红、翁泽生、陈来旺、林日高、潘钦信、张茂良等九人出席成立大会。谢雪红当选为会议主席。会议选举林木顺、林日高、蔡孝乾（缺席）、洪朝宗（缺席）、庄春火（缺席）为中央委员，谢雪红、翁泽生当选候补中央委员。林木顺当选为书记。翁泽生担任台共驻上海联络员，负责与中共联络事务。 4 月 20 日，台共中委再次开会，讨论台共建党宣言，草拟感谢中共所给予的协助信函，信函中强调台湾人对中共的支持及指导台共建党活动表示感谢，并希望未来能继续获得这种支持。 4 月 25 日，发生"上海读书会事件"。谢雪红被日本警察逮捕。 5 月，谢雪红被遣返台湾。 6 月，因证据不足，谢雪红被释放。林日高回到台湾联系谢雪红，在台中着手恢复党的活动。 8 月 29 日，谢雪红出席农民组合中央委员会，掌握对农民组合的领导权。 11 月，谢雪红、林日高、庄春火在台北召开台共中央会议，决定开设国际书局做掩护，继续从事反日活动。 12 月 30 日，农民组合全岛大会召开，发表《大会宣言》。这次大会是在谢雪红、林兑等人指导下举行的。
1929 年	2 月，在台北开办国际书局。传播革命思想，联络革命同志，联系进步人士，扩大台共组织。派人到矿山、铁路、工厂从事组织工作，加强对农民组合、新文化协会领导。
1930 年	10 月，谢雪红主持台共"松山会议"，讨论研究工作方针，制定了今后工作重点。
1931 年	5 月，台共二大召开。 6 月 26 日，谢雪红、杨克煌等人被日警逮捕。

时　间	重要记事
1934 年	11 月 30 日，日本法庭宣判，谢雪红被判处 13 年徒刑。其他台共成员 48 人也分别被判刑。
1939 年	4 月 7 日，谢雪红因重病，获保释出狱。 9 月 1 日，与杨克煌等经营"三美堂"百货店。经营大华酒家，继续从事秘密抗日活动。
1945 年	8 月，抗日战争胜利后，谢雪红等联络台共成员，恢复政治活动，发动青年维护社会治安。 9 月，谢雪红、杨克煌等组织成立台湾人民协会筹备会，担任中央委员。 10 月 5 日，谢雪红联络原文化协会成员、农民组合成员，正式成立台湾人民协会，提出"保障人民自由"，"实施八小时工作制"等主张，发行《人民公报》。10 月下旬组织台湾总工会筹备会、台湾农民协会等。
1946 年	1 月 5 日，谢雪红与台湾人民协会成员商议后，决定成立"中国共产党台湾省委员会筹备会"，但不成立领导机构，谢雪红负责与中共方面及在台各成员联系。 8 月，谢雪红变卖金饰作为出版经费支持筹备创办《新知识》刊物。
1947 年	3 月，谢雪红在台中组织二七部队，参加"二·二八"起义。 3 月 8 日，中共中央在延安发表《台湾自治运动》对台广播，支持台湾人民"二·二八"起义。同年 3 月 20 日、22 日又在《解放日报》、《人民日报》分别以社论形式发表《台湾自治运动》。 4 月底，谢雪红等由高雄左营军港，逃脱敌人的重重搜捕，离开台湾抵达厦门，辗转到上海，取得旅沪同乡会会长李伟光的帮助，并与中共中央上海局取得了联系。 6 月，根据中共指示，谢雪红与杨克煌等辗转到香港，在香港成立台湾问题研究会。 9 月，创办新台湾出版社，出版《新台湾丛刊》。 11 月 12 日，孙中山先生诞辰纪念日，谢雪红、杨克煌、苏新等人在香港正式成立了"台湾民主自治同盟"，确定《台湾民主自治同盟纲领草案》，制定《台湾民主自治同盟规程草案》，并发布《台湾民主自治同盟时局口号》、《台湾民主自治同盟第一次代表会文告》等相关文件。

时　　间	重要记事
1948 年	2 月 28 日，台盟为纪念"二·二八"一周年，在《华商报》刊出《台湾二月革命》（特辑），纪念"二·二八"起义，得到各界响应。 5 月 7 日，台盟发表《告台湾同胞书》，响应中共"五一"号召。文中指出，"中共发表的这个号召，不仅切合全国人民目前的要求，也正切合台湾全体人民的愿望"。 6 月，谢雪红参加中共中央上海局、中共香港工委、中共台湾工委、台盟、上海台湾同乡会等的协调会议。会议商定由谢雪红作为台湾人民的代表出席新政协的筹备会。 7 月 4 日，台盟在香港举行响应"五一口号"座谈会，邀请在香港的各界人士参加，出席者一致拥护"五一口号"。
1949 年	3 月 10 日，谢雪红由香港北上到达北平。台盟总部由香港迁到北平。 4 月，谢雪红先后出席全国妇女联合会、全国民主青年联合会。任妇联执行委员，青联副主席。 5 月 4 日，中华全国青年第一次代表大会在北平召开，参加大会的台湾代表团有谢雪红、杨克煌、林良才、苏新、丁光辉、吴克泰、叶纪东、甘莹、张砚、江东山、邱正义、周之辛、林三良、高纯真等。 6 月，谢雪红以中国新民主主义青年团副主席的身份参加在中南海召开的中国人民政治协商会议的筹备会。谢雪红代表台盟发表《处理台湾问题意见书》，重申台湾革命是中国革命的一部分，必须实行反帝、反封建、反官僚资本主义的新民主主义革命，并提出 5 条意见。 6 月 14 日，谢雪红就美帝国主义并吞台湾的阴谋活动发表谈话，强调"有史以来，台湾就是中国领土的一部分"，谴责美帝侵略台湾的行径。 7 月 16 日，谢雪红参加"中苏友好协会筹备会"，后被选为中苏友协理事。 9 月 4 日，《人民日报》头条刊发消息称，"台湾民主自治同盟主席谢雪红声明，反对美帝侵我台湾阴谋，全台人民正以欢欣心情迎接解放"。在这篇声明里，谢雪红严词抨击美帝、蒋介石当局，以及受美国策动的"台独"主张者廖文毅。 9 月 7 日，周恩来在政协筹备会上做《关于人民政协的几个问题》的报告，指出："台盟是一个革命的组织，'五一'前就从事台湾人民的解放运动"。 9 月 21 日，中国人民政治协商会议召开。台盟作为新政协的一个单位，代表五人，候补代表一人。谢雪红作为台盟首席代表，入选大会主席团。其他代表为李伟光、田富达（高山族）、杨克煌、王天强、林铿生（候补）。

时 间	重要记事
	9月23日，谢雪红在新政协大会发言中总结了台湾人民反侵略反压迫斗争的经验，表明台湾人民的斗争是中国全国斗争的一部分。新政协通过了《中国人民政治协商会议共同纲领》、《中央人民政府组织法》等文件。田富达代表台湾高山族也在大会上发言。 9月30日，台盟首席代表谢雪红当选中国人民政治协商会议第一届全国委员会委员。同时台盟界当选委员的还有中共台湾省工作委员会书记蔡孝乾（当时在台湾）。 10月1日，中华人民共和国成立，谢雪红参加了开国大典和人民英雄纪念碑的奠基仪式。 10月，台盟总部决定以参加第一届政协大会的代表为总部理事成立理事会，谢雪红为主席，杨克煌为秘书长，李伟光、王天强、田富达、林铿生为理事。考虑到台湾省隶属于当时的华东军政委员会管辖，为便于开展对台工作，同年11月台盟总部迁至上海。 11月2日，台盟总部主席谢雪红陪同朱德总司令到华北军大看望台湾队学员。 12月，中华人民共和国中央人民政府任命谢雪红为华东军政委员会委员。
1950年	1月，谢雪红参加第一次华东军政委员会全体会议。 2月28日，朱德总司令参加首都各界纪念台湾省人民"二·二八"起义三周年集会并发表讲话，发出号召"我们一定要解放台湾"。 2月28日，谢雪红代表台盟总部在纪念"二·二八"起义三周年之际发表《告台湾同胞书》，号召台湾同胞配合人民解放军解放台湾。 6月，谢雪红出席全国政协一届二次会议，提出《关于保障台湾人民生命财产建议案》。 9月，谢雪红当选为中国人民抗美援朝总会理事。 9月18日，《人民日报》发表台盟主席谢雪红文章《台湾是中国的领土，决不容美国侵略者染指》。 11月4日，台盟加入签署《各民主党派联合宣言》，完全支持中国政府抗美援朝的立场。
1953年	1月，谢雪红被中央人民政府任命为华东行政委员会委员。

时　间	重要记事
	谢雪红积极参加建国初的各项政治活动。元月，台盟根据新形势，总部开会决定整顿机构，暂停组织发展工作。 9月15日，中华人民共和国第一届全国人民代表大会第一次会议在北京召开。会议通过了《中华人民共和国宪法》，谢雪红被选为人大代表参加了这次会议。会后被选为全国人大法案委员会委员。台湾省籍当选一届一次会议的代表有谢雪红、田富达（在福建团）、李纯青（在天津团）。 10月14日，《人民日报》发表台盟主席谢雪红讲话，她表示：我们台湾民主自治同盟的成员一定要和全国人民一道为把祖国建设成为一个伟大的社会主义国家，为解放台湾，为贯彻执行中苏两国政府的各项联合宣言和联合公报而坚决奋斗！
1955年	2月，华东行政区撤销，谢雪红与台盟总部迁至北京。 10月24日，台盟总部举行在京盟员座谈会，纪念台湾光复10周年。会议由台盟主席谢雪红主持，台盟副主席李纯青在会上作了报告。
1956年	12月，全国人大代表陈嘉庚先生邀请台盟主席谢雪红等在福建集美考察。
1957年	2月28日，《人民日报》发表台盟主席谢雪红文章《回忆"二·二八"起义》，纪念台湾人民"二·二八"起义10周年。 5月30日，台盟总部与台盟北京支部举行声援台湾同胞5月24日反美爱国斗争座谈会。台盟主席谢雪红发表讲话，她说：台湾人民总不会屈服的，他们不把侵略者赶出去决不罢休。 8月，台盟宣布在盟内整风。 11月10日至12月8日，谢雪红在盟内受到批判。
1958年	1月14—25日，台盟召开盟员代表会议，宣布谢雪红为右派分子，决定撤销谢雪红台盟主席、杨克煌理事职务，保留谢雪红理事职务。
1970年	夏，谢雪红病情恶化（患肺癌），被送到北京隆福医院。 11月5日，谢雪红在北京逝世，享年69岁。
1978年	4月，谢雪红错划为右派问题得到平反。
1986年	9月15日，台盟总部在北京举行仪式，将谢雪红骨灰由人民公墓移到八宝山革命公墓。中央统战部部长阎明复、全国人大常委会秘书长王汉斌出席仪式，统战部副部长武连元介绍了谢雪红的生平，充分肯定了谢雪红反抗外来侵略，争取实现国家统一的一生。

翁泽生 抗日的一颗红星

翁泽生（1903—1939 年），男，台北人，祖籍福建同安。1921 年加入台湾文化协会。1924 年毕业于厦门集美中学，同年考入厦门大学，1925 年转入上海大学学习。1925 年加入中国共产党，曾任中共闽南特委委员。1928 年参与台湾共产党的组建。1932 年任中华全国总工会党团秘书长。1933 年由于叛徒出卖而被捕，后被引渡到台湾并被判刑。1939 年在台湾牺牲。1975 年被中国共产党追认为革命烈士。

青年时代的翁泽生

翁泽生信仰共产主义，与中共领导人和革命家联系密切。他是台共主要创建人和领导人之一，代表台共与中共中央和共产国际东方局建立密切关系。他为祖国大陆革命运动和台湾抗日解放运动作出了重要贡献，是一位颇具影响力和号召力的台湾革命领袖，被誉为"台湾最光辉的一颗红星"。

在集美时期的抗日爱国活动

在台北长大的翁泽生，从小就受到父亲爱国情怀的影响。他的父亲翁瑟士出生成长于福建同安，早年东渡台湾，是一位爱国的茶叶商人，翁瑟士与兴中会台湾分会负责人陈少白、杨心如等交情颇深。父亲曾告诉他："中国是我们的祖国，管中国的政府在海那边的唐山，那是一片非常大的美丽土地。"父亲的祖国情结深深感染了翁泽生。

1920 年秋，翁泽生赴祖国大陆，就读于爱国华侨陈嘉庚在福建同安创办的集美中学。在这里，他受到五四新文化运动的影响，接触到《共产党宣言》、《新青年》、《向导》、《中国青年》、《先驱》等宣传革命、宣传马克思主义的进步书刊。祖国浓厚的民主思想和革命氛围吸引翁泽生，激发他反抗日本殖民当局的革命斗志。

1921 年 11 月，集美中学放寒假，翁泽生回台北，加入刚组建不久的抗日爱国组织台湾文化协会（1921 年 10 月 17 日在台北成立，林献堂任文化协会总理）。文协负责人蒋渭水住在大稻埕太平町，与翁泽生家相距不远。翁泽生假期回台北，经常拜访蒋渭水，并积极参加文化协会组织的巡回演讲等活动，蒋渭水对这位刚毅倔强的青年人十分欣赏。1923 年 8 月 15 日，文化协会机关报《台湾民报》发表翁泽生的《谁误汝》，小说描写一位在祖国的台湾浪人的忏悔和反省，表达作者强烈的祖国情怀，可以洞见翁泽生明确而理性的抗日思想。

1923 年 7 月 30 日，太平公学校为纪念建校二十五周年暨改名（原名为大稻埕公学校）十周年，举办历届毕业校友同学会。翁泽生 1914 年进入该校，他曾在课堂上用闽南话回答日籍教师的提问。当时日本殖民当局实行奴化教育，禁止讲闽南话，翁泽生的"出格"举动，令校方甚感头痛，甚至以开除相威胁。这一次学校举办纪念活动，翁泽生冲上讲台，用闽南话演讲，向校友们宣传台湾文化协会的宗旨，指出台湾人是汉民族，要讲汉语，讲闽南话，他大声疾呼："中国人在自己的国土上不能讲自己的语言，世界上还有比这种不自由更痛苦、更耻辱的事吗？"恼怒的日籍校长宣布散会，草草结束校友同学会。日本殖民当局对这场抗日演讲事件进行侦查，此为轰动一时的"太平公学校事件"，翁泽生成为日警警惕的"危险分子"。

翁泽生在蒋渭水等文协领导支持下，筹备台北青年会。1923 年 7 月 31 日，在蒋渭水宅商议成立台北青年会事宜，文协核心人物蒋渭水、连温卿、王敏川等出席会议，毕业于太平公学校的翁泽生、高两贵、洪朝宗、郑石蛋等人参加会议，讨论青年会办会宗旨、会章等具体事项，决定由翁泽生负责青年会宗旨和会章的修改。

经翁泽生修改的《台北青年会趣意书》写道：

> 我们最亲爱的兄弟姐妹们，我们青年是社会的中坚，双肩负有整个社会的重任……我们深知，我们台北青年并非没有热血，没有士气，没有才干的，这只是没有一个团体，没有团结而已……为了台湾青年的前途，我们愿意出面提倡组织青年会，我们的目的是在服务社会，谋会员的亲睦。亲爱的兄弟姐妹们，赶快觉醒起来，从速奋进吧！竭尽青年的责任，完成台北青年的义务吧！

虽然《趣意书》指出青年会的宗旨是"服务社会，谋会员的亲睦"，但由于青年会属于文化协会的下属组织，日本殖民当局认为文化协会的许多重要人物在讲演会中，"言论过激"，有"煽动反日情绪"的倾向，故对这个即将成立的组织发出"禁止结社"命令。

1923 年 8 月 15 日，蒋渭水与翁泽生等人在大稻埕"亦品香"酒楼聚会。据日警档案记载：

> 以翁泽生、洪朝宗、黄春晖、陈金龙、陈清慧等人将启
> 程返校之际，乃于八月十五日在亦品香号开饯别会，蒋渭水、
> 王敏川以次青年会员三十五名参加，反对当局的不法压迫，
> 虽然仍有解散命令，但他们互约，认为青年会的实体仍然存
> 续，为贯彻预定的目的，决定继续活动。

虽然筹备台北青年会被迫流产，但这群爱国青年并没有放弃组织抗日团体。在蒋渭水的指导下，于1923年8月底成立台北青年体育会。1923年9月，中秋节前夕，翁泽生和洪朝宗赶回台北，与蒋渭水商量改用台北青年读书会名义，巧妙成立团结台湾爱国青年的组织。台北青年读书会以"劝导青年增进学习文化兴趣"的宗旨获日本殖民当局批准。中秋之夜，读书会以"观月会"形式举行成立会，推选许天送（文协理事）为常任委员，郑石蛋、潘钦德（潘钦信兄，任职于蔡式谷律师事务所）、杨朝华为委员。蒋渭水等人出席"观月会"。成立后的台北青年读书会与台北青年体育会合并，事务所设在港町文化协会读报社。

台北青年读书会成立不久，即因在文化协会指导下，"研究社会问题，共产主义及其他的社会思想，讨论台湾的各种问题"，被殖民当局取缔。1923年11月，回到台北的翁泽生与蒋渭水商量对策，决定改用"台北无产青年"的名称取代遭取缔的青年读书会，继续举办反对殖民当局的演讲会，宣传革命思想。1925年1月8日，"台北无产青年"在大稻埕港町文化讲座举行"打破陋习"演讲会，被日警认为言论有反对当局的倾向，强令解散集会，翁泽生、洪朝宗以"违反治安警察法，妨碍执行公务罪"，被判拘禁三个月。随后，文化协会竭力营救，派律师蔡式谷（文化协会理事）为他们辩护、申诉，翁、洪二人于同年2月底获释。

在集美中学读书期间的翁泽生十分活跃。他不仅利用学校放假的时间回台湾积极筹组抗日团体，开展抗日爱国活动；还在厦门成立闽南台湾学生联合会，团结在祖国大陆的台湾学生从事抗日活动，并积极参加祖国大陆的反帝爱国运动。1924年春，翁泽生和厦门大学的李思祯（嘉义人）、王庆勋（彰化人），同文书院的许植亭（基隆人）、中华中学的江万里（台南人）、郭丙辛（台南人）、英华书院的萧文安等人，商议成立闽南台湾学生联合会，得到台湾老乡李山火的大力资助。1924年4月25日，闽南台湾学生联合会成立大会在厦门长寿学校操场举行，厦门的台籍学生几乎都参加了大会。学生们演出文明戏《八卦山》和《无冤受屈》，反映台湾民众处于日本殖民统治下的悲惨遭遇，并在翁泽生等人的带领下齐唱《台湾议会请愿歌》。次日，闽南台湾学生联合会在长寿学校举办演讲会，翁泽生宣传台北青年读书会的抗日活动，声讨日本殖民当局对台湾青年革命运动的镇压，并指出日本帝国主义不仅是台湾而且是全中国人民的共同敌人，台湾青年要参加台湾和祖国大陆的民族解放斗争。应邀出席演讲会的《厦声日报》主持人陈沙仑，对台湾学生的爱国行为表示支持。闽南台湾学生联合会在厦门积极开展抗日活动，并参加"五九国耻"纪念日示威游行，声援上海"五卅运动"等反帝爱国活动。

参加孙中山纪念活动和"五卅运动"

1924年9月，翁泽生考入厦门大学。1925年3月，转入上海大学。上海大学是共产党和国民党左派共同创办的，孙中山任名誉校董，蔡元培、章太炎等人任校董，于佑任为校长，李大钊、陈独秀、瞿秋白、恽代英等中共早期领导人在该校授课。一个偶然的机会，翁泽生从报上看到上海大学的招生启事，立即给上海大学寄去请求转学的信函。时任上海大学教务长、社会学系主任的瞿秋白收到这封转学请求函。根据瞿秋白的意见，翁泽生被安排在上海大学社会学系学习。上海大学社会学系的老师，集中了中国共产党创建初期的精英人才，翁泽生在这里系统地学习马克思主义理论，感受到浓厚的革命氛围，对他以后的政治道路选择产生了决定性的影响。

1925 年 3 月 12 日，孙中山逝世。上海大学召开追悼大会，并组织师生前往孙中山先生的寓所（莫利哀路二十九号）吊唁。刚到上海大学不久的翁泽生，与社会学系的同学们一起参加悼念活动。翁泽生对孙中山并不陌生，追随孙中山先生的杨心如是父亲的挚友，翁泽生经常从父辈们那里听到有关孙中山的爱国革命故事。在祖国大陆读书后，他对孙中山及其革命思想有了更深刻的认识。翁泽生感慨地写下《哀悼中山先生》，该文发表于 1925 年 4 月 11 日《台湾民报》，文章写道：

> 我们知道中国的革命是中国人民的革命，不是中山先生独自一人的革命，我们相信中山先生虽亡，中国的革命运动是决不死的，但是他确是中国历史上第一伟大的人物，为被压迫者而奋斗的民众的最伟大的领袖，中国平民的唯一指导者。我们在这军阀割据、外力侵略、"革命尚未成功，同志还须努力"的时候，失去了我们舵手一样的中山先生，哪会不悲哀、悼惜，以至于痛哭呢？
>
> ……
>
> 我希望中国的民众更加奋进，继续中山先生的遗志，达到中山先生的目的，从中得到一种强烈的刺激和教训，来革新中国的社会，以慰中山先生在天之灵。
>
> 一九二五年三月十三日，由孙宅归来后于上大

孙中山逝世后，瞿秋白（因"黄仁事件"于 1924 年 12 月被国民

党通缉，被迫离开上大）回上海大学做专题讲座——《孙中山与中国革命运动》。瞿秋白对孙中山领导的中国革命进行深刻分析，吸引了在场的每一位学生，这一堂课令翁泽生终生难忘。早在集美中学读书时，翁泽生就从《新青年》刊物上读过许多瞿秋白的文章，对瞿秋白十分景仰。进入上海大学后，翁泽生和社会学系同学高尔柏（上海大学党支部书记、上海学联主要负责人），曾一起去上海大学附近的宝山路顺泰里十二号楼拜访瞿秋白。瞿秋白对台湾十分关心，他向翁泽生详细了解日本殖民统治下之台湾社会现状，对这位台湾学生的抗日爱国行为十分赞赏，这无疑坚定了翁泽生的革命追求。

1925 年 5 月，反抗日本帝国主义的"五卅运动"爆发。1925 年 5 月 14 日，上海日本纱厂工人为抗议日本资方无理开除工人而罢工，工人顾正红（中共党员）被杀害。翁泽生与上海大学师生一起参加中共上海地委组织的"日人残杀同胞雪耻会"，抗议日本人杀害顾正红的暴行；并参加上海学联和上海大学组织的声援纱厂工人罢工斗争的活动。5 月 24 日，翁泽生参加纱厂工会举行的顾正红烈士追悼大会，恽代英等人发表演讲，声讨杀害中国同胞的凶手，一万余中国同胞参加追悼会。

1925 年 5 月 29 日，上海大学学生会贴出布告，招募次日到上海

20 世纪 20 年代的上海大学校门，在原陕西北路遗址。现已经不存在了。台湾共产党创始人谢雪红、翁泽生等都曾在这里就读

租界，参加中共中央和中共上海地委组织的游行演讲活动"决死队"成员，全校近四百人报名，共分为三十八支演讲队，每队十人。翁泽生与同乡好友洪朝宗（在翁泽生的影响下，于 1925 年 5 月入上海大学）被分在一起，翁任演讲队队长。翁泽生和瞿秋白的胞弟瞿景白，以及一位来自四川彭县的同学何秉彝（5 月 30 日牺牲）一起油印传单、标语等。5 月 30 日，翁泽生率领的演讲队在永安公司门前演讲时，与前来制止的印度巡捕发生激烈冲突。这一天，上海大学被捕师生达 130 多人。5 月 31 日，翁泽生、洪朝宗参加中共中央在上海总商会组织的活动，数千爱国同胞强烈要求上海总商会发出罢市通告，上海总商会迫于民众反帝压力发出罢市通告。6 月 1 日，上海总工会发布总同盟罢工令，20 多万工人罢工；上海学联发布罢课令，5 万多学生罢课，并发布宣言、通电，反抗日本帝国主义对中国同胞的血腥屠杀。

为扩大五卅反帝爱国运动的影响，6 月 4 日，中共中央在上海创办《热血日报》，由瞿秋白任主编，向全国同胞宣传上海的反帝爱国运动。瞿秋白撰写发刊词，并让翁泽生校对发刊词样稿，发刊词写道：

> 现在全上海市民的热血，已被外人的枪弹烧得沸腾到顶点了，民族自由的争斗是一个普遍的长期的争斗，不但上海市民的热血要持续的沸腾着，并且空间上要用上海市民的热血，引起全国人民的热血；时间上要用现在人的热血，引起继起者的热血……现世界强者占有冷的铁，而我们弱者只有热的血，然而我们心中果然有热的血，不愁手中没有冷的铁，热的血一旦得着冷的铁，便是强者之末运。

全国学联和上海学联按照中共中央的指示，组织宣传队，分赴全国各地及南洋，向海内外社会各界报告"五卅惨案"经过，发动海内外中国同胞参加反帝爱国运动。当翁泽生得知没有去台湾宣传"五卅运动"的计划后，主动要求赴台湾宣传祖国大陆的反帝爱国运动。在中共中央支持下，翁泽生和洪朝宗返台，联系台湾文化协会等抗日团体，在台湾各地巡回演讲，呼吁台湾同胞声援上海的反帝爱国运动，并在《台湾民报》发表宣传"五卅运动"的文章，对台湾同胞的抗日活动产生了积极影响，引起日本殖民当局的恐慌，而以"宣传共产主义"的罪名通缉翁泽生。1925 年 7 月，翁泽生回到上海，加入中国共产党。

参与组建台湾共产党

1927 年 11 月，翁泽生认识了从莫斯科回到上海的中共台籍党员谢雪红和林木顺，共商在台湾发展党的组织，具体分工：由林木顺、谢雪红去日本同日共联系，由翁泽生在上海同中共中央联系，并负责联络在祖国大陆和台湾的共产党员。

翁泽生与林木顺、谢雪红一起组建上海台湾青年读书会，为筹组台湾共产党培养人才，由翁泽生负责读书会的工作。1927 年 11 月底，在翁泽生的组织下，上海台湾青年读书会在闸北天庵源里成立，12 月底读书会会址迁至闸北宝山路协兴里一〇七号，并在闸北青云路天授里二十号设联络点。读书会表面上是研究社会科学，学习汉语，实则是研究马列主义、社会主义思想。据日警档案记载：

> 台湾共产党的组织者林木顺、谢氏阿女等人自莫斯科返沪后，即与中国共产党员、当时正在指导上海台湾学生联合会左倾的翁泽生合拢起来，由翁泽生招集台湾学生联合会的左倾进步学生江水得、杨金泉、林松水、刘守鸿、张茂良、陈粗皮、陈氏美玉、黄和气等人，表面目的称为研究社会科

学及学习中国语，实则作为台湾共产党结党准备行动，从事党员的养成和训练。

翁泽生组织上海台湾学生联合会（由原上海台湾青年会的左倾成员蔡孝乾、彭华英、许乃昌等人于 1925 年 12 月 20 日组建，后在翁泽生的指导下，带有明显的共产主义倾向，该组织团结台湾青年参加祖国大陆的革命运动，并对台湾岛内的抗日活动产生影响）的左倾学生参加上海台湾青年读书会。在翁泽生的主持下，读书会机关报《屋内刊》于 1928 年 1 月创刊，发表有关马列主义、社会主义的研究文章，宣传台湾革命运动发展情况等，向在上海的台湾革命青年散发。读书会与中共及朝鲜籍共产党联络密切。日后台共成立，翁泽生在读书会培养的台湾革命青年张茂良等人成为加入台共的第一批党员。

1928 年 2 月，林木顺等 7 人在翁泽生住址开会，决定先成立台共预备会，分头起草《政治纲领》、《青年运动方针》、《工农运动方针》、《妇女运动方针》、《赤色互济会的方针》等文件。会议还决定，上海台湾青年读书会仍由翁泽生负责指导。1928 年 4 月 13 日，在翁泽生住址召开台共预备会。

1928 年 4 月 15 日，在上海法租界霞飞路金神父照相馆，举行台共第一次代表会议，正式成立台湾共产党（公开名称为日本共产党台湾民族支部）。出席会议的台籍党员代表有林木顺、翁泽生、谢雪红、潘钦信、林日高、陈来旺、张茂良等 7 人。中共中央代表彭荣和朝鲜共产主义者代表吕运亨出席会议。翁泽生在会上宣读由他起草的《青年运动纲领》。该纲领共分为五个部分，包括"台湾青年的痛苦及革命性"、"国民革命过程中青年运动的战略"、"关于共产青年团之促进"、"青年运动当前的任务"、"口号及宣传鼓励"等。文章对台湾青年的革命性进行深刻分析，认为不论其所属阶级，都具有反抗日本殖民统治的革命性；但是，由于阶级性不同，他们所表现出来的革命坚定性亦有所不同；因此，加强对台湾青年运动的组织与指导极为重要，并提出八条战略措拖，以团结台湾青年共同开展抗日运动。翁泽生指出台湾青年运动存在以知识分子为中心，对工农大众的力量不够重视的缺点，他认为工人青年最具革命性，必须确立其在台湾青年运动中的领导权，农民青年要与工人青年并肩斗争，推动台湾青年工农运动的发展，并促成共产青年团的建立。翁泽生还指出，对于在祖国大陆的台湾青年，以及在台湾的大陆青年，应该团结他们积极参加祖国大陆的革命运动和台湾抗日运动，流露出祖国大陆和台湾革命运动息息相关的思想认识。

翁泽生在台共成立大会上提出，党的中央委员名额应该留给能回台湾领导工作的代表。会议选举林木顺、林日高、蔡孝乾、洪朝宗、庄春火为中央委员，谢雪红、翁泽生当选候补中央委员。林木顺当选为书记。根据台共中央的决定，翁泽生留沪负责与中共中央的联系；谢雪红驻日负责与日共中央的联系；陈来旺负责台共东京特别支部。林日高、王万得、潘钦信、谢玉鹃等台共党员先后返台，按照台共中央的指示在进步群众团体中开展学运、工运和农运工作。

1928 年 4 月 25 日发生的上海读书会事件，使在中共中央指导下成立仅十天的台共组织遭到破坏。此事起因于上海台湾青年读书会声援朝鲜共产党的抗日活动被日警侦查。1928 年 3 月 1 日，读书会参加朝鲜革命志士在法租界举行的"三·一纪念会"活动，纪念 1919 年在朝鲜发动的民族解放运动，并发表抗日宣言。随后日警截获署名"全台湾总督府独裁政治打倒大会"的传单，以这份声援朝鲜抗日活动的传单为线索，展开对读书会的大检举。据日警档案记载：

由"全台湾总督府独裁政治打倒大会"具名的文件，被上海总领事馆警察署截获。随后该署暗中注意他们的行动……同时获得台湾共产主义者林木顺等频频聚会协议，似乎正在进行组织某种秘密结社的情报。经由内部侦察结果，决定加以全面检举，遂于昭和三年三月十二日、同月三十一日及四月二十五日前后三次，将嫌疑犯共九名予以检举。第三次即四月二十五日的检举时，在法租界辣斐德路三八九号居室内，发现台湾共产党的秘密文书（结党大会议事录，大会宣言，政治、组织两项纲领，其他各部门之运动纲领），至此台湾共产党组党的事实，已昭然若揭。

1928年3月12日，驻上海的日警搜捕租界外闸北青云路天授里二十号、宝山路协兴里一〇七号（读书会），逮捕江水得、黄和气、陈氏美玉，翁泽生及其他读书会成员及时搬家而得以脱险。读书会会址因此迁至法租界辣斐德路三八九号。1928年3月31日，日警搜捕共同租界昆山路婴童花园，陈粗皮被逮捕。1928年4月25日，日警搜捕法租界辣斐德路三八九号，逮捕谢雪红、张茂良、杨金泉、林松水（其兄林木顺）、刘守鸿。连续三次搜捕，使读书会遭到破坏，台共成立的秘密文件被暴露，台共的预定计划被破坏。当时，日警尚不清楚读书会与台共的关系。

谢雪红因上海读书会事件被遣返回台后，着手组织的重建，领导岛内台共党员开展抗日运动。在上海的翁泽生负责与中共中央和共产国际东方局联系，中共中央和共产国际东方局主要通过翁泽生对台共进行领导，由此可见翁泽生对台共发展所起的关键作用。1931年的"台共事件"使党的组织遭到重大破坏，在上海的翁泽生为重建台共组织竭尽全力，并秘密派人回台。重建工作最终失败。

组织"六·一七"反日斗争

在中共的领导下，翁泽生积极参加祖国大陆的反帝爱国运动，组织台籍志士加入东方被压迫民族反帝同盟、上海反帝大同盟等组织，他们举行的"六·一七"反日斗争成为上海反帝爱国运动的一个重要组成部分。

1929年6月初，翁泽生、林木顺根据中共江苏省委指示，策划组织在沪台湾学生开展反对"六·一七始政纪念日"活动，使台湾学生融入正在蓬勃开展的上海反帝爱国运动中。翁泽生、林木顺，以及上海台湾学生联合会的刘照明、林延年、蒋丽金等五人组成筹备会，对抗日游行活动和文艺演出等各项工作进行安排。这次反抗日本殖民统治的爱国活动，以上海台湾学生联合会为主体，并邀请上海工联会、上海学联以及朝鲜在沪革命团体参加。

1929年6月10日，翁泽生、林木顺等人在大夏大学（该校学生的共产主义活动十分活跃），召开上海台湾学生联合会代表大会，通报"六·一七"反日斗争活动安排及筹备进展情况，动员与会者积极宣传，扩大活动的影响范围。

1929年6月17日，翁泽生、林木顺领导的"六·一七"反日斗争如期举行。上海青年反帝同盟（简称"青反"，成立于1929年6月16日，在中共指导下开展活动）及所属的70多个社会团体派代表参加活动，声援台湾同胞的抗日斗争，并散发题为《六·一七纪念告民众书》的传单。翁泽生发表演讲，指出："三十多年前的今天，台湾沦为日本的殖民地，尔后，台湾人民在社会上的一切权利都被剥夺了，变成只尽义务的奴隶，甚至无法在台湾受教育。""我等台湾人希望与祖国、朝鲜各团体互相提携，向日本帝国主义进行英勇斗争。"朝鲜歌舞剧团、中国医学院音乐团表演精彩的文艺节目，台湾学生演出的揭露日本殖民统治暴行的剧目《殖民魂》（由上海左翼文化团体指导排练）将活动推向高潮。参加活动的各团体代表建议扩大"青反"的反帝同盟，提出组建"东方被压迫民族反帝同盟"（简称"东反"）的决议。

"六·一七"反日斗争吸引了许多在沪的台湾青年参加，翁泽生和林木顺采纳活动总结会上，关于组织固定的台湾人团体参加反帝爱国运动的建议，遂于1929年6月底成立上海台湾青年团。翁泽生和林木顺等人组建该团体，不仅团结台湾青年积极参加祖国大陆的反帝爱国运动，亦为台湾抗日革命运动培养人才。关于上海台湾青年团，翁泽生这样表述：

> 在上海的台湾青年学生日益增加，这些青年学生们皆为殖民地被压迫民族的一分子，怀有丰富的革命素质，因此，本机关以联合这些青年予以组织化，使其参加国内的反帝斗争，施以实践的锻炼，以社会科学研究来提高理论的掌握，唤起他们特别注意台湾问题，一方面支持国内的革命运动，同时亦以培养台湾革命志士为目的。

1929年7月，"东反"筹备会成立，由中共中央直接领导，召集在沪东方被压迫民族大众革命团体参加，并邀请印度、安南、菲律宾、朝鲜等革命团体加入。上海台湾青年团和上海台湾学生联合会加入该组织。翁泽生任"东反"筹备会总务科长，负责起草筹备会成立宣言，以及机关报出版、"八·一"反战斗争方案等。随后，翁泽生在组织领导"八·一"反战斗争活动（共产国际将八月一日定为"赤色国际反战日"）中被捕。在狱中翁泽生化名龚聪贤，被以"宣传共产主义"的罪名判刑一年，经组织营救，于1929年12月获释。

1930年4月，根据中共中央指示，"东反"、"青反"以及上海各界反帝组织合组为"上海反帝大同盟",上海总工会、上海革命学生联合会、上海中华左翼作家联盟、上海台湾青年团等约 30 个团体参加"上海反帝大同盟"。

1930 年 6 月初,翁泽生召集上海台湾青年团主要成员,成立"六·一七"斗争筹备会,决定举行更大规模的抗日集会与戏剧公演活动,发行《青年战士》"六·一七纪念特刊",与厦门、漳州、东京及岛内的台湾同胞联络,并进一步联合祖国大陆及朝鲜、印度、安南、菲律宾革命团体,举行大规模的反帝大示威。翁泽生联系上海左翼剧团"艺术剧社"参加"六·一七"演出,后因"艺术剧社"部分演员被捕,使演剧计划被迫取消。

上海反帝大同盟全力支持上海台湾青年团组织的"六·一七"反日爱国活动,将"六·一七始政纪念日"至"六·二三"沙基惨案纪念日期间,定为"反帝斗争周",计划 6 月 17 日举行示威运动,6 月 23 日召开纪念大会。6 月 14 日,上海反帝大同盟所属各反帝团体,在群治大学秘密召开"台湾六·一七纪念各反帝代表大会",共有 30 多个团体参加。翁泽生以《六·一七纪念的意义》为题发表演讲,与会代表大力支持台湾同胞反抗日本殖民统治的爱国活动,大会对 6 月 17 日的游行示威运动和发动罢工、罢课、罢市斗争进行安排。据日警档案记载:

> 从六月十三日起,在上海工场地带沪西区集合各革命学生会、各赤色工会及失业团体等,组成宣传队。该宣传队由三人组成一班,各自拿着小旗,每夕在沪西各工场附近,英华里、曹家渡、东京路、大厦、群治大学附近举行飞行集会,鼓动工人学生参加"六·一七"示威运动。

> 在上海反帝大同盟领导下的闸北区,六月十七日下午两点,从苏州河畔到外白渡桥附近,多数学生大致以三人一组

游行，伺机举行飞行集会。由于警戒严重，群众从 ASTA House 到百老汇大街电车路附近停立不前，与来自天潼路、西华德路、武昌路、北苏州路方面的人群汇集约达两百名。从下午三点四十分左右起，虹口工部局警察人员开始施行身体检查，逮捕了九名身上带有传单、宣言书等的群众。由于增派了警戒员，青年团所计划的袭击日本领事馆，终于未果。

以上文字，仅是对这次"六·一七"反日斗争的一个侧面的记录。中共江苏省执委会、上海反帝大同盟、上海工会联合会等组织散发传单，支持上海台湾青年团组织的声势浩大的"六·一七"反日斗争。翁泽生撰写的《台湾青年团六·一七纪念宣言》，具有极强的号召力和凝聚力，他激情澎湃地写道：

六月十七日，是沾满血腥的日子，是台湾革命群众永难忘怀的日子，又是我等热血沸腾的日子。日本帝国主义开始统治台湾的这一天，是台湾沦落到黑暗、残酷之活地狱的第一日。回顾当时台湾工农以竹枪、菜刀肉搏日本帝国主义的大炮和炸弹的精神，谁能不愤慨、不感泣呢。回想日军占领台湾时的奸淫、掠夺、残酷屠杀，以及豪绅官僚的中途背叛、出卖民主国，有谁不愤慨呢。奋起前进！

三十六年来，最暴虐的镇压、被剥得一无所有永无止境的掠夺，只要不是冷血动物谁不痛心疾首呢。空前残酷的十余次"血洗全岛"的残暴，噍吧哖暴动后杀害全村，将小孩抛向空中以刀刺为乐，强奸妇女剖其腑脏等，只要不是铁石心肠者谁能卒睹这种暴行呢。不断夺取农民的生产品，重要物产由政府专卖，以最残酷的方法夺取土地，使无产阶级的生活牛马不如。日本帝国主义的毒辣可说是创世界最新的纪录。

......

　　台湾工农劳苦群众们！东方被压迫民族革命群众们！全世界的革命烽火已经普照大地。我等解放自由的日子近在眼前。起来！起来高举鲜红的革命旗帜，为我们的独立解放而斗争！

　　翁泽生领导上海台湾青年团组织的这场大规模反帝爱国运动，产生了极大社会反响，也付出了代价。日本殖民当局联合租界巡捕、当局警察等各方力量加强警戒，对反日斗争进行破坏，上海台湾青年团骨干成员蒋丽金等人被捕牺牲。1931年4月，在翁泽生、林木顺的主导下，上海台湾青年团更名为上海台湾反帝同盟，机关报《青年战士》改为《反帝报》，使其反帝爱国运动性质更加明确，在上海的反帝斗争中发挥了积极而重要的作用。

声援台湾雾社起义

　　1930年10月27日，台湾南投县雾社泰雅族同胞在莫那鲁道的领导下发动武装起义，史称雾社起义。起义坚持一个多月，被杀害的台湾同胞达670多人。同年11月初由台湾抵沪的台共党员潘钦信，向翁泽生报告台湾雾社起义情形，翁泽生敏锐地意识到这是一个开展反帝运动的好时机，他和潘钦信立即向中共中央领导人瞿秋白报告，得到中共中央的支持。随后，翁泽生领导上海台湾青年团开展声援台湾雾社起义的抗日爱国活动。据日警档案记载：

　　昭和五年（1930年）十一月初传来雾社番暴动蜂起的消息。一般认为是番人针对日本帝国主义统治的反抗运动，拥护该暴动是反对帝国主义运动的好题材。翁泽生于是利用潘钦信、杨春松、陈德兴等人为台湾共产党改革问题来沪的机会，在林新木住所会合，调查暴动的状况。翌日，在蔡启献的住处召开紧急会议，台湾青年团员王溪森、陈炳南、李清奇、黄天鉴、陈老石、陈炳誉、杨春松、蒋文来、廖德勋、蔡启献、王瑞棋、廖氏琼娥及潘钦信、陈德兴、林新木等人齐聚一堂，由翁泽生说明雾社番蜂起的政治意义，并攻击台湾统治，决定了拥护雾社番蜂起运动的方针。

1. 发布宣传书；

2. 发行《青年战士》雾社事件专刊；

3. 创办壁报，举行飞行集会；

4. 散发传单；

5. 向上海反帝大同盟所属的各友谊团体及中共中央报告状况，请求援助及指导。

上海台湾青年团声援雾社起义的宣言书共有两份。一份由潘钦信起草，刊登于上海各大报纸；另一份由翁泽生起草，林新木誊刻印刷，发表在上海台湾青年团机关报《青年战士》特刊上，并由上海反帝大同盟负责向各革命团体散发。由翁泽生起草的宣言书《拥护台湾番人的暴动》写道：

最近日本帝国主义竟然又在日月潭大兴电力工事，没收番人的土地及房屋，将彼等放逐到荒山旷野。番人遭到莫大的打击，陷入饥寒交迫的绝境，再也无法忍受帝国主义残忍的压迫，于是毅然起来暴动。他们包围派出所，抢夺两百余支枪，杀掉两百余名日本人。尽管眼前有凶恶的日本帝国主义军队包围，依然继续勇敢斗争。

……

吾等在此时机最能明了地认识台湾的情势。即帝国主义如何榨取工农、劳苦阶级，如何压迫群众的革命运动，又是如何加速群众的贫穷化与阶级对立的尖锐化。

这次番人暴动的政治意义是：被压迫民族反抗帝国主义的革命斗争与台湾革命斗争的浪潮。

吾等应站稳阶级立场，快速起来反抗帝国主义，拥护番人的英雄斗争。

台湾被压迫的民众诸君！在此血战的时机，起来吧！起来！以吾等大众的力量来罢工、罢课、罢市，拥护番人斗争。

上海台湾青年团在南洋医科大学绘制的日警虐杀台湾原住民的彩色壁画，以及张贴的拥护雾社起义的巨幅标语："拥护台湾番人暴动，反对日本帝国屠杀番人，建立台湾苏维埃政府，台湾工农革命成功万岁"，极为引人注目。这段醒目的标语带有浓厚的共产主义政治色彩，毫不掩饰活动组织者与台共的密切关系。

翁泽生在中共中央机关报《红旗日报》发表文章，指出雾社起义是反抗日本殖民统治的正义行动，台湾青年有义务支持雾社起义、声援雾社起义。中共江苏省委命令所属各革命团体举行集会和游行，声援台湾同胞的抗日武装斗争。上海反帝大同盟组织声援雾社起义的游行集会，散发《生番暴动援助宣言》。上海《申报》、《时报》等媒体的重要版面连续报道雾社起义。同年 11 月 15 日，以上海革命互济会为主体，在位于南京先施公司附近的凤凰旅社，秘密召开"慰问台湾革命运动上海各团体联席会议"，商讨声援雾社起义的具体事宜。上海革命互济会、上海反帝大同盟、自由大同盟、中华全国总工会、左翼作家联盟、社会科学联盟、美术作家联盟、文化总同盟、贫民协会、上海台湾青年团等团体出席"联席会议"。翁泽生、王溪森、林新木以上海台湾青年团代表身份参加会议。上海革命互济会代表作为发起团体在会上表示：

台湾番人自暴动起义以来，继续与日本军警勇敢斗争，吾人当慰问之。同时，为了援助孤立无援的雾社番人反对帝国主义的武装暴动，应促使台湾革命民众运动的崛起，颠覆日本帝国主义在台湾的统治权。中国革命民众有义务给予最大援助。

1930 年 11 月 26 日，翁泽生和潘钦信向共产国际远东局报告台湾雾社起义经过。与此同时，国际工人代表大会在莫斯科召开，中共台籍党员刘缵周（因台共事件于 1931 年年底在台湾被捕，1933 年牺牲）向与会代表报告雾社起义遭日本殖民当局血腥镇压的事实。

台湾雾社起义引起共产国际的关注，支持和声援台湾雾社起义成为中共领导下的全国反帝爱国运动的一个焦点，翁泽生及上海台湾青年团在其中发挥了极其重要的作用。

为革命信仰而牺牲

翁泽生长期在祖国大陆开展革命活动，从事中共地下工作，在中共的领导下开展反帝爱国运动，并在党内重要岗位担任领导职务，颇具影响力和号召力。1932 年翁泽生任中华全国总工会党团秘书长，在党团书记陈云的领导下开展工人工作，并与廖承志联系密切。1933 年 3 月 4 日，翁泽生前往上海英租界文监师路三庆里 1026 号秦启万家安排工作。由于秦启万于前一天被捕，供出翁泽生将与他接头之事，翁泽生遂被租界巡捕逮捕。3 月 6 日，租界巡捕将翁泽生交由国民党江苏省高等法院开庭审理，叛徒秦启万出庭指证，翁泽生坚不承认。国民党当局提出，只要答应去江西"剿共"，就给他官当，翁泽生严词拒绝。

翁泽生掌握党的核心机密，他被捕后，党的机构没有遭到破坏，与他有秘密联络的廖承志亦安然无恙。翁泽生保守了党的机密。据廖承志回忆：

> 翁泽生是知道我的住址的，他被捕已三天，我们才从报
> 纸上知道，而我却没有发生事情，全总机关也都完整，没遭
> 破坏，从这一点可以看到翁泽生被捕后很坚强。

江苏高等法院将翁泽生移交日本领事馆后，翁泽生于1933年3月
中旬被日警押回台湾。翁泽生是日本殖民当局逮捕的最后一名台共党
员，也是最重要的一名台共领导人。日本殖民当局逼翁泽生承认与台
共的关系，诱他"转向"，遭翁泽生严词拒绝。狱中战友王万得在回忆
录中这样描述翁泽生坚决不"转向"的表态：

> 我父亲是福建同安人，母亲是台北人，你们可以判我刑，
> 要我转向是绝对不可能的。刑满出狱后，我还要回到祖国去，
> 继续参加革命。

可见，深厚的祖国情怀和坚定的革命信仰是翁泽生的精神支柱，
身陷囹圄的翁泽生渴望继续为祖国而战斗。翁泽生饱受酷刑，身患重
疾，终于1939年3月牺牲。日本《朝日新闻》对翁泽生牺牲，发表专
题文章进行报道，并称"台湾最光辉的一颗红星殒落"。1975年中国
共产党追认翁泽生为革命烈士。

翁泽生带领台湾革命青年参加祖国大陆的反帝爱国运动和革命活
动；他把"五卅运动"的反帝革命热潮带到台湾，对台湾同胞的抗日
活动产生积极影响；他促使祖国大陆同胞了解台湾革命，支持和声援
台湾抗日武装斗争，他以自己的革命实践向世人证实台湾和祖国大陆
不可分割的血脉联系。

**附录1：全国台联会会长林丽韫在翁泽生烈士逝世五十周年纪念
会上的讲话**

翁泽生同志是台湾共产党组织的创建者、组织者之一，也是我国

工人运动的重要活动家。我们今天在这里集会，纪念翁泽生烈士逝世五十周年，追思和缅怀革命先烈的英雄业绩，是为了使烈士的英名不朽，烈士的功绩长存，烈士的遗志不改，烈士的光辉形象永远激励我们高举爱国主义的旗帜前进！

翁泽生同志诞生于中国人民反抗帝国主义侵略的伟大年代。他是一位杰出的爱国主义者和不屈的共产党员。他为了维护中华民族的团结统一，热情宣传反帝爱国思想，积极传播马克思主义，勇敢地带领工人、学生和革命群众进行反帝、反封建、反对国民党右派的斗争。在不幸被捕后，在敌人的酷刑威逼下，毫不动摇，"到死还保持着共产党员的气节"。他用马克思主义理论的烛火照亮台湾工人、农民、青年知识分子在抗日民族解放运动中的道路，他把自己年轻的生命全部献给了中国人民的解放事业，为我们这些活着的人留下了许多值得永远纪念的东西。

在中国革命斗争和社会主义建设的各个历史时期，我们台湾同胞为了中华民族的振兴，为了祖国的美好未来，与祖国各族人民同呼吸共命运，谱写了一曲曲气吞山河、光照中华的壮丽诗篇。五星红旗是革命先烈的鲜血染成，那上面也有我们无数台湾同胞的热血。我们应该把台湾同胞的革命实践和业绩加以搜集和整理，载入中国革命的史册，以激励后辈晚生，也激励更多的台湾同胞为祖国的统一、振兴中华而奋斗，而献身。

附录2：台盟主席蔡子民在翁泽生烈士逝世五十周年纪念会上介绍翁泽生烈士生平

翁泽生，祖籍福建同安，一九〇三年十月十四日生于台北市。少年时代就读台北实业学校和厦门集美中学时，便积极参加反抗日本殖民统治者的斗争。一九二五年，他在上海大学求学时，积极投身"五卅运动"。同年加入中国共产党。北伐军入闽后，他在漳州、厦门参加建立党的组织，一九二七年年初，担任中共闽南特委委员兼宣传部长。大革命失败后，他在上海积极参与组建台湾共产党，被选为候补中央委员，留沪负责"台共"和中共中央的联络工作。一九三一年，翁泽生赴两广当中央巡视员。翌年五月，由广东调上海任中华全国总工会党团秘书长。当时，全总党团书记是陈云，成员有廖承志、杨尚昆等，后据廖承志回忆："翁泽生同志的工作是积极的，在最困难的环境里也能完成任务。"一九三三年三月四日，由于叛徒出卖，翁泽生在上海被捕，后押至台北日本监狱。囚禁在台湾的六年中，他始终"英勇斗争，坚贞不屈"。一九三九年三月十九日，光荣牺牲。

杨克煌 为台湾革命一生无悔

杨克煌（1908－1978 年），男，台湾彰化人，祖籍福建同安。1929 年加入台湾共产党。1931 年被日本殖民当局逮捕，1936 年出狱。1945 年抗战胜利后参与组织台湾人民协会，当选为中央委员。1946 年加入中国共产党。1947 年参加台湾人民"二·二八"起义。起义失败后，与谢雪红撤离到上海、香港。1947 年参与组织台湾民主自治同盟。1949 年当选为中

1950 年的杨克煌

国新民主主义青年团中央委员，台盟出席中国人民政治协商会议第一届全体会议五人代表之一。新中国成立后，任台盟总部理事兼秘书长。1978 年在北京逝世。1988 年骨灰移放北京八宝山革命公墓。

杨克煌在谢雪红的领导下开展抗日活动，成为谢雪红最亲密的战友。台湾光复后，他们一起参加中共地下活动；"二·二八"起义失败

后，他们同赴香港组建台湾民主自治同盟；新中国成立后，他们参加祖国建设，为祖国统一耗尽所有精力。

参加抗日爱国活动

1921年，新民会发起台湾议会设置请愿运动，反抗日本殖民统治，得到台湾民众的支持。请愿运动对杨克煌产生了影响，他开始关心政治，经常参加台湾文化协会在彰化举办的抗日演讲会。1923年暑期，杨克煌参加彰化第一公学校的"同窗会大会"，其中许多已毕业的校友是台湾文化协会成员，他们批评日籍校长的教育方针，反对日籍校长任同窗会会长，主张会长必须经选举产生。学长们强烈的抗日情绪使杨克煌深受感染。

1924年，杨克煌考入台中商业学校。台湾历史上第一次学生罢课，就发生在台中商校，该校经常组织毕业学生赴祖国华南一带考察学习，学生们十分推崇孙中山的革命思想。学校浓厚的祖国意识和革命氛围对杨克煌有不小的影响。进校不久，杨克煌偶然从父亲那里看到孙中山的《建国方略》。杨克煌回忆：

> 父亲翻开那一本书给我看，里面有几张中国地图，他说中国有这么多的铁路时，就不再受到列强的欺负了。父亲是很尊敬孙中山的，很盼望中国富强起来，尤其盼望有一天台湾能光复回到祖国的怀抱。

> 打从这以后，我就更加积极地去听讲演了，特别是文化协会举办的讲演会。我父母始终对我参加的反日活动未曾干涉过，这是很特别的。

父亲期盼台湾回归祖国的强烈民族情怀，激励了杨克煌的抗日思想。杨克煌接触到社会科学类进步书籍以及宣传共产主义思想的秘密文件，视野更加开阔，开始思考民族问题和贫富悬殊的社会问题。此外，他还有一个收获，对摄影产生了浓厚兴趣，时隔25年后，他在北京用相机记录了亲密战友谢雪红，站在毛主席身后出席开国典礼的珍贵历史镜头。

1925年5月，杨克煌参加许乃锅（许守成）、庄守（后加入台共）、林江松等台中商校学生组织的秘密抗日团体——兴华协会，组织名称取意希望中国兴盛，希望台湾光复回归祖国。兴华协会是在谢雪红的建议下成立的。杨克煌回忆：

> 1929年，我到国际书局后，才由谢雪红听到兴华协会就是她要离开台湾时叫许乃锅等组织的，原来这时我们在政治上就受她的间接领导了。

1927年夏，杨克煌的堂兄、中共党员杨克培从武汉回到台湾。杨克培曾在武汉政府工作，1927年武汉举行"太平洋工会大会"时，他担任日本代表、日共党员山本悬藏的翻译。返回台后，杨克培向杨克煌等人宣传"自由平等"的政治主张，介绍中国共产党的革命运动。杨克煌回忆：

> 就在这个时候，杨克培等给我介绍中国革命和中国共产党的情况，尤其谈到蒋介石叛变后，如何屠杀革命青年，例如在广州有许多青年列队被机关枪扫射，青年们临终前面不改色，高呼"中国共产党万岁"、"中国革命万岁"等口号。听到叙述这些壮烈的情景时，我热血沸腾，决心要参加革命了。就是如此地，我初步了解了中国革命的情况和中国共产党的存在，于是我在思想上开始热爱共产党、拥护共产党了。

杨克煌与杨克培等杨家兄妹常在"育英楼"议论时局，畅谈理想，齐唱《国际歌》。在杨克培的引导下，杨克煌对马克思主义和中国共产党的认识逐渐深刻。

1928 年 5 月 1 日，彰化农民组合和文化协会联合举办纪念活动，先后在彰化天公坛庙和华侨会馆举办演讲会、示威游行。杨克煌参加游行队伍，抗日游行活动被日警制止，许多游行者被逮捕，杨克煌也被抓进留置场（拘留所）。杨克煌回忆：

> 我被关进留置场，因人多我被关在牢房外面，其中有男有女。当时农组干部叶陶对我说："干革命像到深山探宝，先去的人会受毒蛇、猛兽伤害，但如果没有一些先去的人牺牲，宝贝就取不到……"

事后不久，因上海读书会事件被捕的谢雪红遣返回台，杨克煌从报上获悉谢雪红的消息。杨克煌回忆：

> 大约是在同年的五月中旬或六月初，台北的《台湾日日新闻》登一篇报导说："谢雪红在上海被捕，押回台……"又说："谢是个摩登女郎，是到苏联留学过的……"看过这个消息，我很兴奋，想想怎么一个台湾妇女能有本事到苏联留学呢？于是，我认为她一定不是个普通的妇女，而开始钦佩她了。

1928 年 7 月，杨春松（1926 年加入中共，1928 年参加台共）去"育英楼"与杨克培商量农组活动，从他们的言谈中，杨克煌了解了谢雪红的革命经历，对她十分钦佩。随后，在杨克培的推荐下，杨克煌参加农组工作，并接触到与农组密切联络的谢雪红。杨克煌在回忆录中描述了初见谢雪红的情景：

> 八月间，有一天下午，杨克培带我到台中公园边谢雪红的宿舍，把我介绍给她，这是我第一次见到谢。当时，我没有讲什么话，我是一个初出茅庐的人，不敢在她面前讲甚么。她则鼓励我出来参加革命，并讲一些苏联的情况给我听，我兴奋极了，心想找到革命的门路了。记得当天她对我说："人

生应该是不断探求真理的旅行。"这句话，其后不知道听她讲

过多少次，她就是抱着这个信念走到她人生的最后的。

谢雪红的鼓励，使刚参加农组工作的杨克煌受到极大鼓舞。杨克煌在农组的工作表现，得到农组领导人简吉、杨春松等人的肯定和信任，他不仅参加农组第二次全岛代表大会，还在简吉的直接领导下参加机关报《农组情报》的秘密发行。杨克煌回忆：

> 1929 年元月以后，农民组合简吉叫我每星期一次到农组本部向他取刻好的《农组情报》的蜡纸，再送去台中商业学校邻近的一户农民家，交给躲藏在那里的简娥油印。她再把印好的"情报"大部分交给我寄送到各地。当时，干这项工作是秘密的。我出入农组，都是由前门进去，由后门溜出来；因《农组情报》如被敌人发现是违反出版法的，负责人是要吃官司的。

参加台湾共产党

1929 年"二·一二"大检举，谢雪红和杨克培在国际书局被捕。书局事务暂时由杨克煌管理。1929 年 3 月 1 日，谢雪红和杨克培获释，杨克煌继续留在国际书局。从此，杨克煌开始追随谢雪红，参加台共的革命活动。1929 年 5 月，谢雪红和杨克培发展杨克煌加入台共组织。杨克煌回忆：

> 我到国际书局工作后，首先是整理书局的各项账簿，因这是我学了五年的本行啊！可是这个账的内容有许多是"秘密的"，这我可没有学过啊！

> 不久，于四月间杨克培首先找我谈话，问我对共产党的看法，我说共产党很好啊！我也希望参加。他说："自从你参

加农民组合的工作后，党就把你看做是发展党员的对象。你考虑一下有没有加入党的决心，如有决心，我可以替你介绍加入。"后来，谢雪红也同我讲这件事，她说："共产党是要推翻日本帝国主义在台湾的统治，然后实现社会主义的政治。做党员要服从命令，严守规律和秘密，不怕牺牲，能忍劳耐苦，决心终生献身于革命……"我表示我愿意加入，党员应该做的事我都能做到。于是在五月初，谢雪红就向我宣布党已批准我入党了，我成为台湾共产党党员了。

参加台共后，在谢雪红的指示下，杨克煌、张道福等人在三重埔、和尚洲等地组织读书会活动，向农民宣传抗日革命理念，并秘密成立"台湾农组新庄支部"。杨克煌回忆：

> "读书会"大都在柑仔园开的，张道福给他们介绍农民组合的情形，鼓舞他们组织起来斗争；我则讲解一些报纸上看到的世界革命情况，并介绍他们看一些进步小册子。

> 到 1930 年 4 月间，三重埔、和尚洲在读书会的影响下的农民已有一百多人，组织农组支部的酝酿工作也已做好。有一天，一百多名农民和农村青年在观音山麓举行集会，宣告成立"台湾农组新庄支部"；当天，与会者有杨来传、廖瑞发、李妈喜、张道福和我。当时，全岛农组支部只有这个新庄支部是秘密的，因为日寇新庄郡当局一再声言禁止台湾各进步团体进入该区域内活动，所以，在这以前该郡内没有任何进步团体的地方组织。

1929 年秋冬，杨克煌受台共领导人林日高指派，在基隆码头与从日本来的人秘密接头，传递秘密文件——《无产者新闻》及日本左翼工会印发的文件。当时，日本殖民当局对共产党的活动控制得相当严，严禁《无产者新闻》等宣传共产主义的刊物及资料在岛内出现，一经发现，将以共产党的罪名判刑。可见，杨克煌此次秘密行动的重要性和危险性。此外，杨克煌还担任台共领导机构的联络工作，与矿山工会有接触。

1933 年 7 月 24 日《台湾日日新报》上所刊载"台湾战线社"
成员照片（前排左起：林万振、谢雪红；后排中为杨克煌）

1930 年 6 月中旬，国际书局由太平町搬到京町 4 町目 22 番地。8 月，国际书局组织成立"台湾战线社"，参加者有谢雪红、杨克培、杨克煌、林万振、郭德金、陈焕珪、廖九芎等人。谢雪红为创刊号撰写关于妇女问题的文章，杨克煌设计《台湾战线》的封面，但刊物未获殖民当局批准，被禁止出版。据日警档案记载：

> 以党中央委员谢氏阿女以下，郭德金，林万振，文化协
> 会张信义、王敏川、赖和、陈焕珪等为同人，以国际书局为
> 根据地，于昭和五年（一九三〇年）八月，组织台湾战线社，
> 发行杂志《台湾战线》……

> 《台湾战线》自创刊以来虽继续发行到第四号，但每号都
> 受到查禁处分，最后到了不得不加以停刊的地步。

1930 年 10 月，谢雪红主持召开台共"松山会议"，王万得、赵港、苏新、吴拱照、杨克煌等人参加会议。会议第二天，反抗日本殖

民当局的雾社起义爆发，会议对雾社起义作出表态。杨克煌回忆：

> 第二天（10月28日）中午，我独自一人回到国际书局观察动静……
>
> 大约在当天下午一时许，我接到报纸"号外"说雾社高山族人民今晨举行暴动了，另报导说日帝军警已被派去镇压暴动了。我随即带这张号外到松山会议的地方，告诉大家这个消息。
>
> ……
>
> 松山会议在接到雾社暴动的消息后，立即对这个事件的看法和应采取什么措施问题进行了讨论。大家的意见认为高山族人民为反抗日帝的虐政举行起义是正确的，党应该尽可能地给予他们支持；但考虑到党对高山族人民的工作尚未开展，和他们未有接触（因他们居住地区被反动统治者划为蕃地，非持有出入证不能进出）；而党的主观力量还很薄弱，尤其还没有武装力量。又雾社起义一开始，日寇马上派出大批军警进行镇压，与高山族人民的接触更加困难等等。党又正准备举行第二次代表大会，因此，松山会议上一致决定对雾社高山族人民武装起义不作直接支援，但要动员全党揭露日帝对高山族人民的残酷统治以及对雾社起义人民的野蛮镇压，声援高山族人民正义的反抗日本帝国主义的武装斗争。

松山会议关于雾社起义的态度，其实主要是谢雪红对雾社起义的态度。事后，她的这种态度为党内其他同志所不能理解。当时敌我力量悬殊较大，为避免不必要的牺牲，保存党的实力，为台共二大的召开作准备，而作出声援雾社起义，不直接支援的决定，谢雪红的深谋远虑并不是没有道理。

狱中追悼会

1931 年的"台共事件"，使台共组织遭到重大破坏。杨克煌因"台共事件"被捕，他在台南监狱亲历两次特殊的追悼会，参加狱中难友组织的反抗斗争。

1931 年 12 月底，被关在监狱中的台共党员们为共产国际委员、日共创始人片山潜举行了一个特别的追悼会（当时片山潜在莫斯科病重，台共党员们误以为病逝）。据杨克煌回忆：

> 有人说片山潜同志去世了，这个消息一传开，大家都主张即时开一个追悼会来悼念片山潜同志。于是，会就开了，几个人讲话后，大家齐唱国际歌，这时敌人惊慌万状，束手无策，既不能制止，又无别计可施。

> 在追悼会完后，谢雪红发言说："我们今后的最大任务就是同敌人进行法庭斗争，到那时大家不分派别，共同对敌。"对她的意见，大家都赞成了。

狱中难友们悼念日共领导人片山潜，高唱《国际歌》，表达共产主义信仰，并赞成谢雪红提出的共同对敌，与日本殖民当局进行法庭斗争的意见。

1932 年五六月份，农组干部陈结在台南警察署被酷刑折磨致死，狱中同志为陈结举行追悼会，由苏新主持。据杨克煌回忆：

> 追悼会中，赵港和农组的几个干部讲述陈结的生平和斗争历史，并抗议日寇打死他的暴行，最后齐唱《国际歌》。当天，近五十人的被告虽然各自被关在独房内，互相不得见面，但是大家的情绪激昂，会开得很热烈。

> 会进行中敌人惊惶失措，动员了几乎全部监狱的看守来

作戒备，唯恐我们发生暴动……

追悼会开完了后，有人提议要继续开会，讨论如何进行法庭斗争的问题……

这一天的会我们是胜利了，第二天吃过晚饭后，大家满有把握地等待着再开会。但正宣布开会时，突然几个大电铃一齐响了，使得彼此讲话被铃声掩盖而听不见，会也没办法开了。原来敌人在我们开陈结追悼会的第二天，就在监房的天棚上安装了几个大电铃，准备对付我们的。

日本文字只有五十个，分十排，每排五个字，敲打第几排，第几个字就成了；有两点的就急促敲两下，有圆圈的就在墙划一个圆圈表示。这种方法只适合同左右隔邻的人通讯。不久，这种敲墙的联系方法又发展为用牙刷来敲打自来水龙头，用这种方法，两邻三、四间的人都可以听到。和对面排的人因不能用敲打的方法，只好等吃晚饭后，看守把盖在各牢房房门两个"小眼洞"（供看守观看房内动静用的）外面的布掀起来时，把手伸到房门下面通风的地方，摇摆几下的办法，对面的人就可以从他房门的小眼洞看见。大家就用这些方法互通一些消息和套好一些口供。

狱中同志通过为战友陈结开追悼会的方式，团结力量，讨论如何与日本殖民当局进行法庭斗争。面对日警的监控，狱中难友们以联络暗号互通信息，成为十分有效的斗争方式。狱中难友组织的特殊追悼会，增强了同志们的凝聚力和战斗力。

台湾光复初期活动

1935 年 12 月 31 日，杨克煌获释。1939 年 4 月 7 日谢雪红因病保释出狱。谢雪红和杨克煌等人开办"三美堂"百货店，并联络老台共，开展秘密抗日活动，探讨抗战局势及台湾社会的发展方向，为台湾光复后开展社会活动打下了基础。

1945 年 8 月 15 日，抗战胜利。谢雪红和杨克煌获悉后，从头汴坑赶到台中，与林兑（台共党员）、李乔松（农组成员）、谢富（文协成员）等人联系，发表《告台湾青年书》。杨克煌回忆：

> 8 月 25 日前后，我们起草了一个《告台湾青年书》的信，先油印十份，寄给各地朋友。信的主要内容是：日本帝国主义在台湾的殖民地统治已告结束，台湾回到祖国的怀抱，中国政府将在台湾施政。台湾人民将不再受日本帝国主义的压迫，但如果今后我们得不到政治上的民主，我们还要进行斗争。

谢雪红、杨克煌等人对台湾终于摆脱日本殖民统治而回归祖国表示欣慰，并对民主政治提出了要求，可见，他们对台湾社会的发展有十分清醒的认识。

随后，谢雪红、杨克煌等人开始筹备台湾人民协会。1945 年 9 月 20 日，台湾人民协会筹备会成立。1945 年 9 月 30 日，谢雪红、杨克煌、林兑、李乔松等人民协会筹备会成员发表演讲，呼吁台湾民众"争取实现民主政治，参加台湾人民协会，为民主政治而奋斗"。1945 年 10 月 5 日，台湾人民协会正式成立，通过《台湾人民协会成立宣言》和《台湾人民协会章程》，谢雪红、杨克煌、林兑、谢富、李乔松、王天强、顾行等人当选为中央委员。该协会以争取民主政治为主旨，并提出"保障人民自由"，"实施八小时工作制"等口号。次日，人民协会召开中央委员会，推选林兑为委员长，谢富为组织部部长，杨克煌为教育部部长，李乔松为宣传部部长等，并决定杨克煌负责编印机关报《人民公报》。该报于 1945 年 10 月中旬创刊。

继台湾人民协会成立之后，谢雪红和杨克煌等人于 1945 年 10 月下旬，又先后组织成立台湾农民协会和台湾总工会筹备会，其目的是团结广大台湾民众，为争取民主权利而斗争。1945 年 10 月下旬至 11 月初，谢雪红、杨克煌、李乔松等人在各地演讲，向台湾民众宣传人民协会、农民协会的宗旨和组织情况，产生了较大社会反响。1946 年 1 月，谢雪红组织的人民协会被国民党当局解散。

1945 年 10 月 5 日，中共党员、《大公报》记者李纯青（台北人）随重庆记者代表团赴台。启程之前，中共中央南方局负责人周恩来对李纯青到台湾后的工作进行了安排。1945 年 10 月中旬，李纯青到台北与谢雪红和杨克煌会面。杨克煌回忆：

> 李纯青看到我们的名片后，即对我们说："你们以后要访问国民党人时，就不要出示这个名片，因为国民党人一看到这个'人民协会'就会认为是共产党的组织。"然后，李纯青还向我们介绍了由大陆回台的台湾人士之政治倾向，使我们对这方面有了一点基本认识；然后说张锡祺此人比较民主，我们可以去看他。

谢雪红和杨克煌按照李纯青的指示，与在台湾行政长官公署前进指挥所任职的张锡祺联络。杨克煌回忆：

> 谢雪红和我又到原日寇台北市役所（后改为长官公署）去拜访张锡祺（他是眼科医生，在上海曾任某医学院院长，当时任长官公署参事），我们向他介绍了组织人民协会的情况，且张是了解谢雪红的政治面目的。当天，他不大发表意见，最后，他对我们说："你们相信是对的事，就坚持去做。"

1945 年 10 月下旬，大华酒家开业。谢雪红以大华酒家为掩护开展地下活动。同年 11 月初，李纯青到大华酒家，再次与谢雪红、杨克煌联络，并对杨克煌的工作进行指示。杨克煌回忆：

十一月初，李纯青也到台中来，几个地方人士请他到大华酒家欢宴，席间李纯青出来二楼找谢雪红和我，对我们说："'中央通讯社'的台湾负责人叶明勋到台中来接管原日本人的通讯社。"又对我说："你可以去争取安插进去……但叶明勋这个人很反动，如知道你的历史和政治面目，那就不可能进去了。"

李纯青指示杨克煌打入国民党的核心报社中央通讯社。杨克煌接受任务后，积极争取，但最终进入中央通讯社的计划失败。

奉命打入《和平日报》

1945 年 12 月下旬，中共台湾省工作委员会委员张志忠开始联系谢雪红。谢雪红的许多活动，是透过杨克煌进行联络和协调的。谢雪红和杨克煌在中共台湾省工委的领导下，秘密开展地下工作，杨克煌于 1946 年下半年加入中国共产党。

1946 年 5 月 4 日，国民党的《和平日报》创刊。在张志忠的支持下，杨克煌利用特殊关系进入《和平日报》，担任日文编辑。张志忠指示杨克煌在《和平日报》的主要任务是扩大国民党内部矛盾。

1946 年五六月间，台湾旅沪同乡会会长、中共党员李伟光（李应章）回家乡。谢雪红按照张志忠的指示，在台中图书馆为李伟光举办欢迎会，谢雪红致欢迎词，李伟光发表演讲。根据张志忠的指示，杨克煌配合欢迎活动，在《和平日报》以《欢迎李应章先生归来》为题作专题报道，并详叙日据时代李伟光带领台湾农民开展的抗日斗争。不仅如此，杨克煌还利用《和平日报》的特殊资源，派记者追踪报道李伟光回到家乡二林后的情况。杨克煌透过国民党报纸巧妙地宣传中共人士的爱国活动，提高社会影响力，其机智与果敢令人钦佩。

1946 年 7 月 23 日，杨克煌获悉宋庆龄发表反对独裁和内战的声明，及时译为日文，通过《和平日报》广而告之。杨克煌回忆：

　　七月间，有一天《和平日报》收电员来三楼日文编辑部，取出一份刚收到的电文给我们看；又说该则消息发播了后，又接到台湾当局通令全省不许登载这份消息，问我们要不要这份电文消息。我们接过电文来看，内容是宋庆龄在上海发表的反对内战、主张和平的声明。我即说："我们要这则电文，宋庆龄的声明有什么不可以登的。"就这样，我取该电文翻译为日文，在第二天的报上登出来了；当时，台湾各报只有《和平日报》日文版刊登了这则消息。

杨克煌利用工作之便，接触重庆《新华日报》，收集中国大陆的革命动态，及时传递给台湾地下党组织。杨克煌回忆：

　　《和平日报》创刊后，同国内许多报纸进行交换讯息，当时我们能看到中国共产党办的报只有重庆的《新华日报》。当时在资料室工作的黄玉莺接到《新华日报》时，还没有人看到就偷偷交给我带回家去看。当时该报是用土产的淡黄色薄纸印刷的……有时社论光有标题，内容空着，叫做"开天窗"，这是因它的内容对国民党表示抗议，而被拿掉了。

1946 年 9 月，杨克煌在《和平日报》接待的一桩上访案件，促成谢雪红办学校。当时，建国职业中学校长以资金困难为由决定停办该校，学校师生向《和平日报》报社反映情况，希望借助媒体的力量阻止学校解散。杨克煌去该校调查，并将详情告诉谢雪红。谢雪红动员进步人士林西陆等人出资，使学校继续开办。谢雪红担任校长，继续聘请原来的教员，杨克煌任学校教务主任兼英文教员。杨克煌为学生们讲解时事政治和台湾历史，英文课实际上成了"政治课"。谢雪红开办学校，为党培养了人才。1947 年"二·二八"事件发生时，谢雪红率领的二七部队，其中一支队伍就是由建国职业中学学生组成的。

杨克煌发表文章揭露国民党弊政，故意制造内部矛盾，使国民党当局为自己的报纸骂自己而恼羞成怒。据周明回忆：

> 杨克煌当时任《和平日报》台湾总社日文编辑，他的中文作品中，我最感兴趣的是"街头巷尾"栏，笔风类似日本朝日新闻的"天声人语"，内容大多采自街头巷尾的议论，借题发挥。我暗自担忧，他如此肆无忌惮地冷嘲热讽贪官恶吏，会不会遭文字狱的厄运。

杨克煌负责日文版，经常发表批评国民党当局的文章，《和平日报》日文版的舆论导向引起了当局的注意。1946 年 9 月，台湾警备总部司令柯远芬怒斥《和平日报》不是国民党的报纸，而是共产党的报纸。社长李尚根承认日文版没有讲国民党的好话，日文版被取消，杨克煌于 1946 年 11 月底被《和平日报》报社开除。

赴香港开展革命活动

1947 年，杨克煌参加"二·二八"起义，被国民党通缉，与谢雪红、周明一起撤离台湾。1947 年 5 月 30 日，谢雪红、杨克煌、周明三人抵沪。按照张志忠的指示，他们与旅沪同乡会会长李伟光联系，并接到中共中央上海局的指令。周明回忆：

> 上海局决定派我们去香港工作……中共中央上海局本来就有一个"香港工作组"派驻香港，我们就在这个工作组下单独成立一个小组，谢为组长。联络员万景光（后来任中共中央统战部干部处副处长）为我们在筲箕湾靠近海岸的一条街上租了一间约三十平方米的房间，房东是楼下茶馆的老板。
>
> 我们工作组的任务是利用香港这个比较自由的环境，配

合台湾省工委进行宣传工作。

1947 年 7 月初，谢雪红、杨克煌等人抵香港。他们在香港与民盟的庄希泉、刘雪渔等人组建台湾问题研究会。在研究会集会上，庄希泉建议谢雪红以个人名义发表《告台湾同胞书》，号召台湾民众继续争取民主自治的权利。周明回忆：

> 出席第一次集会的，除谢（雪红）、杨（克煌）、石（霜湖）、我之外，有李自修、施万青、刘雪渔、林田烈及庄希泉，在这次集会上庄首先建议谢发表《告台湾同胞书》，目的在于告示"二·二八"精英尚健在；号召人民继续发扬"二·二八"的大无畏精神，为实现民主自治而奋斗。为了转移视线，注明"写于上海"，先发表于陈嘉庚主办的新加坡《南侨日报》，然后转载于香港《华商报》。文稿是杨克煌起草的，发稿之前曾请夏衍过目。发表后将剪报寄往了美国、东南亚各地的华文报社。

谢雪红发表的《告台湾同胞书》对海内外的爱国台胞产生了重要影响。这份文稿由杨克煌起草，并经中共在香港负责新闻工作的夏衍审核。

1947 年 9 月，谢雪红等人创办《新台湾丛刊》，杨克煌和苏新担任编辑。周明对杨克煌和苏新在新台湾出版社的工作状态作如下描述：

> 他们日以继夜，废寝忘食地写稿……睡的是美军剩余物资折叠式帆布床，盖的也是美国军用毯，写字台则以桔子木箱代用。杨克煌不擅交际，从清晨到深夜，除了买菜、做饭外，整日盘腿坐在木板靠背椅上，不停地伏案写作……苏新比较好动，经常是晚上写作，白天出去结交文化人士，如夏衍、刘思慕、孟秋江、乔木（乔冠华）等。看他这样辛苦，我多次请求他让我做印刷厂的联络工作和校对，可是他怎么

说也不肯让，一定要自己动手。

1947年9月25日，《新台湾丛刊》第一辑出版后，杨克煌和苏新分别向旧友及美国、东南亚等地华文报社投寄。周明负责丛刊在台湾岛内的发行。由于丛刊向岛内民众宣传民主自治的政治主张，被台湾当局严禁入岛。虽然如此，在港的台籍志士仍然通过种种渠道，使丛刊在岛内秘密传播。丛刊受到岛内民众的欢迎，甚至有说书先生把丛刊内容编串成故事，在茶馆里讲得绘声绘色，引来场场满座，这位说书先生因此上了台湾当局的"黑名单"，而被勒令停业。

1947年11月12日，在中国共产党的帮助下，谢雪红、杨克煌、苏新等人在香港组建台湾民主自治同盟。这个政治团体，得到在港民主人士何香凝、廖梦醒、蔡廷锴、李济深、彭泽民、章乃器、邓初民等人的支持。《台盟纲领》等文件，由杨克煌根据大家的讨论意见，用中、英文起草的。周明回忆：

> 经过几次讨论之后，由杨克煌执笔用中、英文两种文字起草了《台湾民主自治同盟纲领》等文件。我曾奉命将中、英文稿分别送交夏衍和萨空了先生（《华商报》经理）过目。精通英文的萨先生一字未改。

杨克煌对台盟成立时间发表至关重要的意见，由此可以窥探孙中山革命思想对台盟精英的深远影响。周明回忆：

> 台盟选择于一九四七年十一月十二日，即孙中山的诞辰日发表成立宣言。这是杨克煌提议的。他说："台湾人民半世纪以来所追求的民主是属于资产阶级民主范畴的，而这也正是孙中山终生奋斗以求的国民革命的目标。"

1948年初夏，谢雪红和杨克煌组织学习班，杨克煌讲授台湾革命史，中共党员张连讲授马克思主义基本理论，吸引了在港进步台籍青年。

心系台湾 盼望统一

1948年7月，谢雪红和杨克煌参加"香港会议"，会议决定谢雪红作为台盟代表出席新政协会议。1949年年初，杨克煌从香港北上抵解放区，当选为中国新民主主义青年团中央委员，并出席同年9月召开的中国人民政治协商会议第一届全体会议。台盟总部正式成立后，杨克煌任台盟总部理事兼秘书长，心系台湾革命，表达坚决反对台湾独立的政治立场，表达对祖国统一的愿望。

1950年8月6日，谢雪红与杨克煌在北京

1954 年，杨克煌调任安徽图书馆副馆长。虽然杨克煌身在安徽，但他无时不在牵挂家乡台湾。中秋之际，他赋诗表达对家乡和亲友的思念之情：

四海空落，南望台湾。吾本彰化士子，今寄徽州。此生何日归故乡？翠竹林里阅古书，清泉水畔思乡土。去年中秋，今日又是，当年故友可在否？（时在徽州屯溪客中）

在安徽期间，杨克煌整理研究台湾历史，出版著作《台湾人民民族解放斗争小史》。杨克煌认为台湾是中国领土不可分割的一部分，台湾人民是中国人民大家庭中固有的成员。他在书中概述中国人民千余年来建设台湾、保卫台湾的历程，重点展现台湾民众反抗日本殖民统治的英勇斗争史实。其中，有关台共开展台湾抗日运动部分，显然离不开台共领导人谢雪红提供的第一手资料。不仅如此，谢雪红还尽其所能帮助杨克煌收集台湾史料。1955 年10 月 17 日，谢雪红将日本学者对台湾史的研究成果寄给杨克煌，并附书信一封。信中写道：

杨克煌同志：

很久没接到信了，健康怎样，写作进行如何？兹接到日本评论杂志二本，有部分有关台湾历史问题，为帮助你回忆台湾历史，今把该杂志二段翻译，送去供你参考。待你稿完成后，再把译文寄还……

我拟定十月底或十一月初到福建视察，这当中你可以来信……

此致

敬礼！

谢雪红

一九五五年十月十七日

从信中可见谢雪红对杨克煌研究台湾历史的支持和帮助。现在，这封书信被中国民主党派历史陈列馆珍藏。谢雪红对杨克煌的研究成果《台湾人民民族解放斗争小史》，提出许多有价值的意见，并以感想的形式为该书作序：

> 杨克煌同志写的《台湾人民民族解放斗争小史》，在出版之前，我能首先过目。一字一句，觉得都有声有色，十分亲切。读起来，实在感到兴奋。
>
> "台湾自古以来就是中国的领土"，这是本书劈头的第一句话，这也就是中国人民庄严的语言和这本《小史》的根本立脚点。
>
> "台湾自古以来就是中国的领土"这个事实，在中国人民（包括台湾人民在内）当中，在全世界人民、全世界正义人士当中，从来是不成为问题的。仅仅是在第二次世界大战以后，中日战争结束、日本宣布投降以后，特别是在一九五〇年美国掀起侵略朝鲜的战争以后，美国帝国主义者竟背信弃义地睁着眼睛瞎说，硬说台湾的主权还未确定，同时却又利用蒋介石政权，公开地武装侵占台湾，以威胁中国和东亚和平。中国人民至此不得不对这个问题提出自己严正的声明。

谢雪红认同该书的核心观点——"台湾自古以来就是中国的领土"，明确表达对台湾主权问题的政治态度，表达对台湾革命和祖国统一的要求，代表在祖国大陆爱国台胞的共同心声。

1957年杨克煌调回北京后，继续进行卷帙浩繁的台湾史料辑录工作。晚年中风后，杨克煌仍以惊人的毅力，完成谢雪红口述历史《我的半生记》和他的自传《我的回忆》。这两部回忆录成为海峡两岸同胞了解台湾民众抗日斗争历史的重要传记资料。

杨克煌青年时代满怀祖国情怀投身于台湾抗日运动；年近不惑，为革命理想而奔赴祖国大陆。他在祖国大陆笔耕三十载，思考台湾革命求真理，祖国统一成为他晚年的核心观念和精神支柱。杨克煌一生为家乡台湾默默奉献，无怨无悔。

苏新　抗日斗魂

苏新（1907—1981年），男，台湾台南人，祖籍福建同安。1924年赴日留学，领导东京的台湾留学生运动，主编《大众时报》。1928年加入台湾共产党，1929年返台从事工运。1931年当选为台共中央委员，因"台共事件"被捕入狱，1943年获释。台湾光复后，任台湾《政经报》、《人民导报》、《台湾文化》、《自由报》、《台湾评论》主编、总编辑等职。1947年参加"二·二八"起义，受国民党当局通缉，转赴香港。1947年参加台盟创建。

1943年9月，苏新与夫人
萧不缠女士在台湾

1948年加入中国共产党。1949年3月由香港抵北京。1949至1954年先后在中共中央统战部研究室、中共中央华东局台湾工作委员会、上海人民广播电台、华东人民广播电台任职。1954年调到中央人民广播电台台播部工作。1978年任台盟总部常务理事，全国政协委员等职。1981年在北京逝世，葬于八宝山革命公墓。

苏新是台共领导人之一，他怀着强烈的使命感和责任感，投身于台湾的抗日解放运动。他参与创建台湾民主自治同盟，为海峡两岸和平统一倾尽全力。古稀之年，苏新日夜伏案整理台湾文史资料，他想写一部台湾民众抗日革命史，献给家乡父老兄弟。苏新始终坚信：中华民族一定会团圆！

在学生运动中崭露头角

1921 年苏新考入台南师范学校后，积极参加台湾文化协会组织的抗日演讲等活动，开始思考台湾的前途，是苏新民族意识和抗日思想的萌芽期。苏新回忆：

> 当时台湾已有一个群众团体"台湾文化协会"，到处开讲演会，进行启蒙运动。台南也有该会的支部，常有什么讲演会或座谈会，无意识中我就成为一个热心的听众。因受了这些刺激和影响，就开始思考"日本帝国主义为什么统治台湾"和"台湾人民的前途"等问题。这可以说是我的"民族意识"和"反对日本帝国主义的萌芽"。

1923 年，苏新组织台南师范学生，对日籍教师歧视台湾学生的行为进行抗议，被校方开除。随后苏新赴日学习，感受日本的革命新思潮，参加东京大成中学的社会科学研究会，接触马克思主义和共产主义思想。1926 年，苏新考入东京外国语学校英文学系，他打算毕业后从事新闻工作，以笔为枪，唤起台湾民众反抗日本殖民统治的意识。

1926 年，苏新参与组织东京台湾社会科学研究会，被选为委员。研究会成立初期，在台湾青年会的指导下开展活动，后独立为台湾学术研究会。研究会与岛内的抗日组织有秘密联系，苏新回忆：

> 当时会员达七十多名。我们的活动不但引起了日本警察

的注意，而且也引起了台湾社会运动方面的重视。首先，"台湾文化协会"和"台湾农民组合"派人到东京与我们联系。而经过我们的关系，"台湾农民组合"与"日本农民组合"建立了关系。"台湾文化协会"与"日本劳动农民党"建立了关系。这样，就使台湾的解放运动与日本无产阶级的革命运动联系起来。

台湾社会科学研究会致力于共产主义研究，与日本共产党及左翼组织联络密切，并促成日本左翼组织对台湾抗日运动的支援。比如日本劳农党派员赴台为领导二林蔗农事件的李应章辩护，派员常驻台湾指导台湾农民组合的抗日运动；日本进步律师赴台为文化协会新竹事件之被告辩护等，就是由台湾社会科学研究会的苏新负责接洽和联络。

苏新和台湾老乡陈逸松一起在东京参加台湾留学生运动，共同探讨台湾社会现状和未来发展。日后，苏新返台从事台共的工运工作，陈逸松的帮助十分关键。陈逸松回忆：

> 苏新那时是个美少年，高个子、大眼睛、白皙的皮肤、胖胖的身材。他到东京，正赶上日本社会运动的狂潮，受到马克思主义的影响，遂在一九二八年加入日本共产党，后来成为台共的大将，还主编新文协的机关报《大众时报》。我们当时除了在青年会时有接触外，因为他在分发日本左翼的《无产者新闻》，故常有机会深谈。我们对日本的压迫、社会的现状以及改革的观点，看法颇为一致，慢慢就变成志同道合的好朋友。

1927年，王敏川在东京创办改组后的台湾文化协会机关报《大众时报》，苏新正式加入台湾文化协会，担任《大众时报》主编。《大众时报》的共产主义倾向十分明显，对东京和岛内台湾青年的革命理念产生了积极影响。苏新回忆：

《大众时报》虽然是"文协"的机关报，但主要执笔人大多是当时"文协"里面的共产主义者，如翁泽生（在上海）、蔡孝乾、李晓芳、庄泗川（以上三人在台湾）等等。并且在东京也可以得到日共机关报《无产者新闻》和日本劳动农民党机关报《劳动农民新闻》的协助。因此，在初期台湾共产主义运动，曾经起了一定的作用。

苏新参加带有共产主义倾向的团体，组织台湾留学生反抗日本殖民当局，在台湾学生运动中崭露头角。1927年10月，东京台湾青年会改选，苏新当选为台湾青年会书记。

参加台湾共产党

日共中央对苏新在台湾留学生中的活动能力有目共睹，故在台共筹建初期，安排苏新接触台共筹建工作。1927年年底，日共中央介绍由上海抵东京着手台共筹建工作的林木顺与苏新接上关系。苏新回忆：

他询问了一些有关"台湾社会科学研究会"和东京台湾人学生的情况之后，和我商量，选择几个比较积极的、水平较高的台湾同学，组织"马克思主义小组"，准备参加"台湾共产党"的建党工作。我们选择陈来旺（成城学院）、林添进（日本大学）、何火炎（早稻田大学）和我及那个同志组织了一个小组，名为"马克思主义小组"，由那个同志负责领导（后来才知道那个同志就是旧台共书记林木顺。一九二八年夏天他再来过东京一次，以后就没有再见过他。据说，后来在瑞金方面的战斗中牺牲）。

一九二八年二月，我们派陈来旺跟林木顺到上海，参加台湾共产党的成立大会。陈来旺同志于同年七八月回来东京以后，这个"马克思主义小组"就变成了"日本共产党台湾民族支部东京特别支部"，除了何火炎以外，其他三人都参加，正式成为共产党员，以后又再吸收了一二个人。这个支部是直接接受中共中央的领导，和台湾共产党在台湾的领导机构没有直接的领导关系。

苏新按照林木顺的指示，组织成立马克思主义小组。1928 年 9 月 23 日，林木顺、陈来旺、林兑和林添进组成台共东京特别支部，任命陈来旺为负责人。苏新等马克思主义小组成员加入台共。苏新位于东京中野町的寓所，即是《大众时报》的社址，成为台共在东京活动的一个秘密联络点。台共东京特别支部成立后，曾分别于 1928 年 10 月 5 日、11 月 19 日、12 月 12 日三次在此召开秘密会议。

从参加带有共产主义倾向的学生运动，到正式成为一名台共党员，苏新对台湾抗日解放运动的思考逐渐深刻。苏新回忆：

> 我在留学日本六年多的这一段时期，在不断的马列主义的研究中和参加"台湾社会科学研究会"成立以后的活动中，逐渐体会到阶级斗争和社会革命的本质；体会到青年运动、学生运动、马列主义的研究也是台湾解放运动的一部分；体会到这些运动必须与台湾工农运动及"文协"的文化运动结合起来；台湾的解放运动必须在日本无产阶级革命运动的协助下，由台湾共产党领导才能取得胜利。

回台从事工运工作

1929 年"二·一二"大检举后，台共东京特别支部决定派苏新、萧来福、庄守等人返台参加岛内的革命运动。随后苏新等人在《学术研究会新闻》上发表文章，表达即将返台参加抗日革命运动的心境：

归国当前，特向各位同志紧握双手道别……我为什么非回去不可呢？到底有什么目的呢？

我的归国，只是鉴于今日的国际情势，和我故国内部的现状，使我认识到我四百余万同胞，如今正面临着非常的危机，因而感到无论如何非返台不可。我是为加入故国的革命而返台的，除此之外，没有什么目的。

我们的故国如今是处在怎样的情势下？直截了当地说，就是第二次帝国主义战争已迫在眉睫。这一场盗贼战争，必定将给我故国四百余万同胞带来空前惨酷的牺牲。而能够克服这野蛮的强盗战争，打倒日本帝国主义，解放台湾民众，且敢于坚决地把帝国主义战争转而为阶级斗争的，惟有我台湾共产党而已。

可见，苏新等人是满怀共产主义理想和对台湾抗日解放运动的热情返台的。1929年4月初，苏新回到台湾，首先到台北国际书局与台共领导人谢雪红联系，然后到罗东，持陈逸松的介绍函，联系陈的旧友卢清潭（台湾文化协会罗东支部负责人，罗东工友协会干部，后加入台共）。在卢清潭的帮助下，苏新潜入太平山，以木材工人的身份为掩护开展工运工作，发动工人们反抗日本殖民当局，并组织太平山木材工会筹备会。据陈逸松叙述：

苏新来到罗东，在卢清潭的掩护下，有意将"罗东读书会"发展成为左翼的细胞组织，后来觉得在罗东街还是危险，卢清潭就安排他到正在开发的太平山林场当运木材工人。在太平山近半年的时间里，这位东京回来的留学生，和工人一块运木材，一起住草寮，彼此建立起深厚的感情。苏新博得工人们的信服，遂在太平山成立一个"伐木工组合"，把这些被压迫的工人组织起来，一面用以对抗资本家，做为要求改善待遇的筹码；一面跟卢清潭联合，对工人实施再教育，当工人下山到罗东购物时，也让他们到"罗东读书会"去吸收新知，好为社会运动注入新血。

卢清潭组织的罗东读书会，从蒋渭水的文化书局和谢雪红的国际书局，购买有关孙中山革命运动和宣传共产主义的进步书刊，吸引了许多进步台湾青年。苏新向罗东读书会的进步青年讲解反抗日本殖民统治的革命理念，帮助改进和发展罗东工友协会的工作。

由于日本殖民当局对太平山木材工会工作有所察觉，苏新的行踪引起日警怀疑，组织决定太平山的工作另由他人负责，苏新被调到基隆矿区，在矿工中开展工运。苏新回忆：

一九二九年十月从罗东到基隆矿区。由于台湾矿山工人在台湾工人运动所占的重要性，领导派我和另一同志到矿区开辟这个工作。当时，在基隆地区已有萧来福和一铁路工人在铁路部门组织铁路工人的工作，因此，我们就合并起来组织基隆地区党支部，由我负责。这个支部的主要任务是领导基隆地区的矿山和铁路方面的工人运动。

在矿山方面，后来我们争取了几个进步工人，组织了"台湾矿山工会筹备委员会"，由我任主委，开始进行矿山工会的组织工作。在矿区坚持了差不多一年半，建立了两三个"筹备会"的分会，发行油印报《矿山工人》，并展开过几次个别矿山的小规模的生活斗争。不过，我又有别的任务，离开了矿区，矿山工会的工作就停顿下来。

苏新和萧来福经过一年多的艰苦努力，使台湾北部矿区工运有较大起色。在此之前，台湾矿区工运尚是一片空白。苏新和萧来福一切从零开始，在台湾北部矿区成立台湾第一个矿山工会，苏新任矿山工会负责人，并组建下属支部组织，扩大矿山工会的影响力。

苏新与萧来福在北部矿、林区开展工运，庄守与刘守鸿在高雄运输工人中开展工运，为台共领导台湾产业工人开展抗日运动打下了基础。1930年10月，苏新以矿山工会及台共基隆支部负责人的身份参加台共"松山会议"。苏新在工运方面的成绩，奠定了他在台共组织中的重要地位，并在台共二大中当选为台共中央委员。

1931年"台共事件"发生后，谢雪红、王万得、萧来福、潘钦信、杨克培等大部分台共党员被捕，苏新积极联系未暴露身份的台共党员，调查各地台共组织被破坏情况，商议、部署救援工作和党的再建工作。1931年8月29日，苏新在罗东与卢新发会面，布置党的再建工作和文化协会工作。8月30日潜入台北，与林殿烈、张道福联络，了解台北党组织遭检举详情，安排布置救援工作。9月3日在漳化与詹以昌联系。9月5日赴嘉义，与庄守碰面，布置党的再建工作、救援工作，并对文协、农运和工运等作指示。当时大部分台共党员被捕，苏新仅能联系到前述几人，形势对台共十分不利，要进行党的再建工作相当困难，苏新让他们暂时停止其他活动，全力组织救援工作，并拟赴上海向共产国际远东局报告，等待远东局的指示再开始党的再建工作。

1931年9月12日，苏新在彰化被捕，被判刑12年，1943年9月获释。苏新在狱中潜心研究闽南语言，记下50多本研究笔记。苏新曾对老乡、中共党员李纯青说："我研究闽南话，是为了爱国。我在台湾监狱十二年，倾注精力于这个问题。"日后，他整理约50万字的闽南语言研究稿本。闽南话是中古汉语，曾流行于河南、陕西，苏新的研究成果从中国地方语言研究的角度，证明了台湾和祖国大陆不可分割的血脉关系。

宣传爱国民主思想

1945 年台湾光复后，苏新重新拿起笔，活跃于台湾新闻界和文化界。1945 年 10 月 25 日，陈逸松创办的《政经报》创刊，苏新担任主编。1946 年元旦，进步人士宋斐如（与中共党员李纯青、谢南光联络密切）创办的《人民导报》创刊，苏新为该报社第一任总编辑。此外，苏新曾先后任《台湾评论》、《台湾文化》、《自由报》、《中外日报》等进步报刊的主编、总编辑等职，并举办政治、文化座谈会，向台湾民众宣传爱国民主思想。

在《人民导报》期间，苏新与老台共简吉有联系，支持简吉在高雄领导农民开展的反抗斗争。苏新回忆：

> 王添灯就任《人民导报》社长以后不久，就遇到一场"官司"。我还没有离开《人民导报》以前，有一天，简吉急急忙忙地跑进编辑部，说有急事要找苏新。当时我正在印刷厂，助理编辑小郭在厂门口喊声"苏先生，有人找"，我马上回来编辑部。每次有人来找我，我都马上见，这已经成为习惯，不，这是我的工作需要，因为"会客"常常是"重大新闻"的来源。
>
> 简吉是日治时代台湾农民运动的领袖之一，旧台共事件时，被判十年徒刑，我们同在台南监狱"服役"。出狱后，我们没有再见过面，只是听说，日本投降后，他又开始搞农民运动了。一见面，他就紧紧握住我的手，"老苏，高雄的农民又起来了！"就从公文包里拿出高雄农民跟国民党警察大队武装冲突的详细材料，并简单作了些说明：这场斗争的起因是高雄的一个地主组织一帮狗腿抢割农民的稻谷，引起冲

突，地主请高雄警察局派大队去镇压农民，打伤了人，有的已经抬入医院……希望《人民导报》声援他们的斗争。

我想，这件事必须报导，既然《人民导报》打出"人民"二字，就必须名副其实地成为"人民"的"报导"，如果连这样的事件也不敢报导，必将在人民中间丧失威信。本来我有权处理这件事，但考虑到不久前发生的问题（指"省党部"强迫改组《人民导报》一事），我也慎重起来，把这份材料给宋斐如、王添灯、陈文彬（主笔）看，并阐述我的看法，他们都同意我的看法，并授权给我妥善处理。

苏新派吕赫若与简吉一起去现场调查情况，采访受伤农民，请医生开诊断证明，并在事件现场拍照取证。1946 年 6 月 9 日，苏新在《人民导报》报道高雄农民遭地主、警察压迫的新闻。苏新据实报道的行为，惹怒高雄警察局，随后警察局以诽谤罪将社长王添灯和总编苏新推上被告席，在台湾新闻界引起轰动。

因《人民导报》有明显的倾共言论，尤其是对于"东北问题"的立场，台湾当局拟逮捕该报总编苏新，丘念台出面协调，最终以"苏新撤职"和"编辑部改组"为条件，不了了之。

1946 年夏，苏新与许乃昌、杨云萍、王白渊、陈绍馨等人组织"文化协进会"，苏新任理事会常委兼宣传组主任，负责该组织机关刊物《台湾文化》编辑工作。台湾文化协进会曾先后邀请祖国大陆小提琴家马思聪，以及欧阳予倩带领的"新中国话剧团"赴台演出，促进台湾和祖国大陆的文化交流，深受台湾文化界赞誉。

1946 年 11 月 1 日，苏新负责编辑出版"纪念鲁迅逝世十周年"专刊，向台湾民众介绍中国著名文学家、革命家鲁迅先生。这份专刊成为台湾文化协进会的重要成绩之一。苏新回忆：

在这中间曾出版了一期"纪念鲁迅逝世十周年"的专刊。

这对我说来是在一生中为台湾文化界作了一件相当有意义的工作。因为在日本人统治时代，不可能也没有人来编一本有关鲁迅先生的专刊。在国民党统治下的台湾，赞扬鲁迅先生及谈论鲁迅先生的事业都会受到迫害。当我看《鲁迅全集》的时候，发现一张陈仪、鲁迅、许寿裳合影的照片（在东京拍的）。又由宋斐如听到他们三个人是同乡，同是绍兴人，又是很要好的朋友。当时陈仪是台湾行政长官，许寿裳是台湾省编译馆馆长。因此，我就抓住这个机会，访问许寿裳先生，说明要在鲁迅先生逝世十周年出版一期"纪念鲁迅先生专刊"，当然他很高兴。后来由我们搜集有关鲁迅先生的生活的文章。这样，我们把这个工作完成了。这一期《台湾文化》多印了两千本，但出版后不到十天，就卖光了，可见当时台湾文化界对鲁迅先生的尊敬。但是，这个"纪念鲁迅专刊"的出版，更加引起了国民党当局对我的注意。

苏新策划的鲁迅逝世十周年专刊，是台湾最早的，也是仅有的一次纪念鲁迅专辑。在台北的鲁迅同乡好友许寿裳和鲁迅的学生黄荣灿（主编《新创造》刊物，创作"二·二八"事件的著名版画《恐怖的检查》），对纪念专刊给予大力支持。该专刊发表许寿裳《鲁迅的精神》、田汉《漫忆鲁迅先生》、黄荣灿《他是中国的第一位新思想家》等纪念文章，使台湾民众认识了鲁迅及鲁迅的爱国民主思想，在台湾文化传播史上具有特殊而重要的意义。

在香港开展爱国活动

1947年，苏新参加"二·二八"起义，受台湾当局通缉而离开台湾，从上海转赴香港，于同年7月抵港。在香港期间，苏新与中共组织联系，在中共的领导和支持下，发表大量反美、反蒋、反"托管"、反"台独"的通讯和评论等，表达对台湾问题的观点和政治态度，这些言论对海内外的爱国台胞产生了重要影响。

1947 年 9 月，苏新与谢雪红、杨克煌等人共同创办新台湾出版社，出版《新台湾丛刊》，向台湾民众宣传建立独立、和平、民主、富强的新中国。《新台湾丛刊》得到中共和民主人士的支持和帮助，中共党员夏衍认真审查丛刊的每一篇稿件，老同盟会员、民盟人士庄希泉为丛刊出版经费奔波，爱国华侨陈嘉庚慨然捐款资助丛刊。苏新回忆：

> 庄希泉将南洋陈嘉庚捐的二千元港币交给我们作出版费，我们的稿件都经过夏衍同志的审查才发表，因此在稿件这方面没有出过什么毛病。但在发行工作这方面有了相当多的困难和缺点。我们的对象并不是在香港的台胞，主要对象是放在岛内的台胞。即在香港出版，再用各种方法输入台湾，这个工作是相当困难的……

《新台湾丛刊》的主要影响群体是在岛内的台湾民众。日后台盟成立，《新台湾丛刊》成为台盟的机关刊物，该刊抨击廖文毅等人的"托管"、"台独"主张，响应中共"五一口号"等政治观点，对台湾民众产生了影响。

1947 年 11 月 3 日，苏新在香港《华商报》发表文章，批驳"台湾分离运动"。文章称：

> 旅港台胞发表文件，驳"台湾分离运动"的阴谋，内称：最近美国通讯社连续发表过几次关于"台湾分离运动"的消息。台湾人民是黄帝的子孙……台湾是中国的领土，是台湾人民的家园；台湾人民断不能容许任何人来出卖台湾和台湾人民的利益，台湾全体人民也断不承认在台湾有任何所谓"分离运动"的存在，也断不承认有任何"将赴美国的台人代

表"。所谓"公民投票的要求",所谓"台湾领袖",所谓"将赴美国的台人代表",这些不过是极少数的出卖国家民族的叛徒、外国走狗的造谣和假冒而已。

苏新等人反对"台湾分离运动"的政治观点,得到中国共产党的大力支持,得到爱国台胞的积极响应。

1947年11月12日,在中共帮助下,谢雪红、杨克煌、苏新等人在香港组织成立台湾民主自治同盟。关于台盟在香港的政治活动,苏新在《自传》中写道:

> 当时我们在香港的工作性质(也可以说是工作任务)是:第一,以香港为据点,向台湾宣传国内外形势,特别是国内革命情况。第二,以香港为据点,向国外或大陆揭露蒋介石当局压迫和剥削台湾人民的情况。第三,利用香港的报纸公开反对托管运动和美帝侵略台湾的阴谋。第四,把在大陆和国外的台胞联系起来。

1948年4月30日,中共中央发布纪念"五一"劳动节口号,得到民主党派和无党派民主人士的热烈响应。随后,苏新拟的台盟响应"五一口号"发表的《告台湾同胞书》,载于香港《华商报》,文章写道:

> 全体台湾同胞们!中共中央最近发表纪念"五一"劳动节口号,其中第五条说:"各民主党派、各人民团体、各社会贤达,迅速召开政治协商会议,讨论并实现召集人民大会,成立民主联合政府!"这个号召已引起全国民主党派、各人民团体以及海外侨胞的极大反响,纷纷通电拥护并希望由中共召集……在这个时候,中共中央发表了这个号召,正切合全国人民目前的要求,也正切合台湾全体人民的愿望。无论任何政府的产生,必须建筑在全国人民的共同意旨上,即必须能够真正代表全国人民的利益。

1949 年 3 月，苏新（庄嘉农）所著《愤怒的台湾》由香港智源书局出版

1948 年苏新经谢雪红、杨克煌介绍加入中共，并参加中共创办的国际问题研究会。因苏新熟悉台湾问题，而台湾问题与日本问题有密切的关系，故苏新被安排在研究会的日本组，在夏衍的直接领导下工作。苏新回忆：

> 我直接的领导人就是夏衍，就是那个有名的作家，那个时候他也亡命到香港，他是留日的，是九州岛帝大毕业的，我和夏衍有很多故事。他

是个文学家，电影方面也涉及，所以他在搞宣传。我在香港写的东西，他都帮我看过才发表的。

好像说党都审查过的。我写《愤怒的台湾》那本书时，他就帮我看了，但是他说有关历史的部分，因为他对历史不是那么熟，他才帮我介绍了一个对历史很熟悉的叫宋文彬，就是后来编二十四史的那位。

1949 年苏新离开香港赴北京之前，以庄嘉农的笔名，在香港出版著作《愤怒的台湾》，叙述荷兰占领台湾以来直至 1949 年，台湾民众所进行的愤怒的抗争。苏新阐释台湾人反抗外来侵略，盼望回归祖国；

台湾人反抗台湾地方专制统治，反对"托管"和"独立"，表达台湾和祖国大陆不可分割的历史事实和政治态度，在海内外产生较大影响。

致力于海峡两岸和平统一

1949 年 3 月，苏新由香港抵北京。此后，他在祖国大陆长期从事对台宣传工作。苏新曾在华东人民广播电台负责对台广播，他与蔡子民（后任台盟主席）长期合作，透过电波向台湾乡亲介绍祖国大陆的建设，传递祖国大陆同胞对台湾台胞的关切之情，表达期盼祖国统一的愿望，使爱国台胞产生共鸣。

1978 年平反后，苏新为海峡两岸和平统一奔波，坚决反对"台独"主张。苏新是台湾共产主义运动的亲历者和见证人。他对日据时代台共反抗日本殖民统治的民族解放运动进行阐释，并深入剖析台共与中共的密切关系，使海峡两岸同胞了解台共带领台湾同胞开展抗日运动的历史，帮助海峡两岸同胞正确认识台共在日本殖民统治下提出的政治纲领。

1980 年，苏新在《关于"台独"问题》一文中，对台共纲领提出"台湾独立"作如下阐释：

> 今天我们研究"台独"问题的时候，也应该对旧台共的"台湾民族独立运动"作具体分析。
>
> ……
>
> 这个纲领是第三国际、日共中央、中共中央都同意过的。而且经过实践证明："打倒日本帝国主义"、"台湾独立"是最符合当年台湾各阶层人民的要求，是当年台湾革命运动最广泛的统一战线的最集中的政治口号……
>
> 当时的所谓"独立"，当然是指"脱离日本帝国主义的统

治"，自己成为"独立的国家"。当年第三国际领导下的任何殖民地的革命斗争都是采取这种方针的。

至于"独立"以后，怎么办？第一个纲领是提出"建立台湾共和国"。第二个纲领是提出"建立工农民主专政的苏维埃政权"（此时，大陆瑞金已有中央苏区）……思想上是有"台湾归还中国"的准备。因此，建立政权时就考虑到采取和"中国苏维埃政府"同样的建制（第二个纲领），这一点非常重要。

至于"台独"人士利用旧台共的纲领来为它的"台湾民族论"和"台独"运动辩护，这是对历史的歪曲。

旧台共的"台湾独立"的政治纲领，是根据当时的台湾社会的具体情形制定的。当时台湾社会的主要矛盾是民族矛盾，所以把反对日本统治的革命运动说是台湾的民族独立运动，是"名正言顺"的。

关于台共提出的"台湾独立"，作为当事人之一，苏新认为是正确的、爱国的。他指出，台共所谓"台湾独立"，是在台湾沦为日本殖民地的特殊历史背景下提出的，是反抗日本殖民统治的民族解放运动，有"台湾归还中国"的准备。从苏新的革命实践，以及他反对"台独"的坚定立场，亦证实了这位老台共蕴藉于胸的强烈祖国情怀。

1981年11月初，苏新开始写作《台湾共产党的历史》，然而他刚刚梳理好提纲，仅留下文稿之起笔，就带着永远的遗憾走了。他在这部未完的遗稿中写道：

台湾共产党是二十世纪二十年代末到三十年代初，具体地说，即一九二八年到一九三一年（从诞生到消亡），在台湾出现的怪物。说它是怪物，是因为它是三不像的东西。

第一，它成立时，是作为日共的一个"民族支部"（叫"台湾民族支部"），组织上（名义上）属于日共，但是，日共从来就没有有效地领导过它。

第二，它成立后，由于日共遭到大破坏（一九二八年三月十五日及一九二九年四月十六日，分别叫做"三·一五事件"和"四·一六事件"），台共与日共的关系被切断，因此，台共的领导机构，不得不通过台胞的中共党员（翁泽生等），求助于中共中央。因此，台共虽然与中共没有组织关系，但是，思想上、政治上，比较多地得到中共中央很大的领导。

第三，一九三一年二月间，第三国际东方局派人到台湾，召开台湾共产党第二次代表大会，之后，台共就名义上成为第三国际的一个独立的支部，但是，实际上是通过中共中央，接受东方局的领导的，因为当时中共中央的主要领导人是瞿秋白，第三国际东方局负责人也是瞿秋白。

总之，台湾共产党，成立当时是日共的一个"民族支部"，第二次代表大会以后，成为第三国际的一个独立支部，但是，思想上、政治上受中共的影响较大。

……

台湾共产党的成立、发展以至消亡，始终与日本帝国主义对台湾人民的残酷统治和台湾人民的顽强反抗连在一起的。

苏新分析台共与共产国际、中共、日共之间的关系，指出中共对台共抗日运动的实际领导作用，证实中共早在 20 世纪 20 年代就重视台湾问题，并对台湾抗日解放运动产生了重要的影响。1937 年 5 月，中共领导人毛泽东在《抗日民主与北方青年》一文中明确指出，中国抗战的胜利，要包括台湾的解放。毛泽东把台湾解放纳入中国抗日战争范畴，与中共领导台共开展台湾抗日运动，使台湾同胞从日本殖民统治下获得解放，回到祖国怀抱的思想是一脉相承的，中共始终如一地将台湾和中国大陆连在一起。

日据时代，苏新为台湾抗日革命入狱 12 载；1947 年"二·二八"事件后，苏新被迫离开台湾；1949 年春，苏新满怀对新中国的渴望，从香港北上到解放区，从此与家乡永别。虽然如此，苏新从未停止对家乡的思念，他终生为台湾寻找出路，为台湾的命运和前途燃尽生命最后一滴蜡。

附录：苏新同志追悼会悼词（1981 年）

我们怀着极其沉痛的心情，深切悼念苏新同志。苏新同志是中国人民政治协商会议全国委员会委员、台湾民主自治同盟总部理事会常务理事兼研究室主任、全国台湾同胞联谊会筹备委员会委员、台湾省籍著名人士、中国共产党党员。

苏新同志因长期患肺气肿等多种疾病，不幸于一九八一年十一月十三日上午七时三十分在北京逝世，终年七十四岁。

苏新同志是台湾省台南县佳里镇人。是一位贫苦的农家儿子，从十六岁起就投身于台湾人民反对日本殖民统治、争取台湾回归祖国的革命运动。早在一九二三年在台南师范学校读书时，苏新同志就秘密参加了受"五四"运动影响的台湾文化协会，由于领导学生举行罢课，反对日本奴役台湾人民，而被学校当局开除。一九二四年被迫离开台湾到日本留学。在日期间，苏新同志积极从事民族民主革命活动。一九二七年至一九二九年任台湾文化协会驻东京代表，发行兼主编该会机关报《台湾大众时报》，领导在日的台湾留学生运动，担任台湾留学生社会科学研究会委员长。一九二八年参加日本共产党，并参与台湾共产党的筹建工作，是台湾共产党最初的党员之一。一九二九年苏新同志潜回台湾。在台湾北部致力于工人运动。一九三一年苏新同志被选为台湾共产党中央宣传部长。同年九月被日本殖民当局逮捕，坐牢长达十二年之久。台湾光复后，一九四五年至一九四七年苏新同志先后在台北任《政经报》、《人民导报》、《中外日报》、《台湾文化》等报刊的主编、总编辑以及台湾文化协进会常务理事兼宣传组主任等职。苏新同志在这些刊物上大量报导了当时祖国大陆的爱国民主运动，并向台湾人民介绍鲁迅，宣传反帝、反封建的爱国民主思想。一九四七年，苏新同志参加"二·二八"起义，受到国民党当局的通缉，不得不离开台湾，转移至香港。在香港期间，苏新同志参加了台湾民主自治同盟的组建工作，主编《新台湾丛刊》，发表大量文章反对帝国主义、封建主义、官僚资本主义，反对台湾独立，拥护中国共产党领导的新民主主义革命。当时，苏新同志并以"庄嘉农"的笔名撰写了《愤怒的台湾》一书。系统地介绍台湾人民反对国民党当局法西斯统治的革命斗争，在海内外台胞中产生了很好的影响。一九四八年苏新同志参加了中国共产党。一九四九年三月苏新同志返回祖国大陆，参加青年团的全国代表大会工作，受到毛主席、周恩来、刘少奇、朱德等中央领导同志的接见。一九四九年至一九五四年苏新同志先后在中共中央统战部研究室、中共中央华东局台湾工作委员会、上海人民广播电台、华东人民广播电台任职，一九五四年调到中央人民广播电台台播部工作。他从事对台宣传工作二十余年，作出了重要贡献。一九七八年以后，苏新同志调台湾民主自治同盟总部工作，担任研究室主任。一九七九年十月在台盟全盟第二次代表大会上被选为台盟总部常务理事。一九八〇年被推荐为第五届政协全国委员会委员。

苏新同志在祖国大陆三十多年，热爱党，热爱祖国，坚定地走社会主义道路，努力学习马列主义、毛泽东思想。勤勤恳恳地为社会主义革命和社会主义建设努力工作。在十年浩劫中，苏新同志经受了严峻的考验。粉碎"四人帮"后，苏新同志坚决拥护党的三中全会、六中全会制定的路线、方针、政策。苏新同志对近几年来祖国的新变化、新成就，欢欣鼓舞。苏新同志完全拥护中国共产党的对台方针政策，并竭力贯彻执行。在全国人大常委会《告台湾同胞书》发表后，苏新同志撰写文章，发表讲话，向海内外台胞进行宣传。一九七九年，苏新同志在一次纪念会上的发言，受到邓颖超副委员长的赞誉。一九八○年，苏新同志受大陆台胞的委托率领"大陆台胞参加旅日台胞恳亲会代表团"赴日，向旅日台胞宣传党的对台方针政策，博得海外台胞的好评。今年，叶剑英委员长和胡耀邦主席进一步阐明关于台湾回归祖国、实现和平统一的方针政策后，苏新同志认为这是中国共产党和祖国政府对台湾同胞的关怀，完全符合包括台湾同胞在内的全国各族人民的意愿和根本利益，并坚决相信，台湾人民只有回到祖国的怀抱，才有光明前途。

苏新同志不愧为一位台湾出身的共产主义战士，台湾民主运动和祖国统一运动的老前辈。苏新同志，为摆脱台湾殖民地地位和争取台湾人民的民主权利，为台湾回归、祖国统一的伟大事业，为把祖国建设成为社会主义强国，献出了毕生精力。苏新同志在台湾同胞中享有很高的声望，六十年来，苏新同志不畏强暴，不顾个人安危，顽强斗争，同时，长期在极其艰苦的条件下，废寝忘餐，搜集资料，研究问题。苏新同志对台湾革命历史、台湾文学、闽南方言，以及台湾各方面问题，都有独到见解。正当需要我们台湾同胞和全国人民一起为争取和平统一台湾多做工作的此时，苏新同志的逝世，是不可弥补的一个损失。为台湾回归祖国奋斗了一生的苏新同志，未能亲眼见到祖国统一，实令人感到遗憾。今天，我们悼念苏新同志，要学习他坚强的革命意志、埋头苦干的精神，学习他治学认真、作风正派、为人诚恳、生活俭朴、不计较个人得失的优良品德。让我们紧密地团结在党中央的周围，坚持四项基本原则，团结一致，同心同德，为实现台湾回归、完成祖国统一的大业，为把我国建设成为高度民主、高度文明的社会主义现代化强国而努力奋斗。

为了悼念苏新同志，希望台湾岛内、海外和大陆的台胞，继续发扬爱国主义的光荣传统，促进国共第三次合作、促进祖国统一大业早日实现，我们相信，苏新同志亲爱的故乡台湾，必将真正回到祖国的怀抱。苏新同志，安息吧！

附录：苏新生平重要记事（苏庆黎、苏宏编制）

时　　间	重要记事
1907 年	生于台南县北门区佳里镇佳里兴。
1914 年	入村中私塾。
1915 年	入佳里兴公学校。
1921 年	以第一名的成绩毕业于佳里兴公学校。 4 月入台南师范学校，开始参加文化协会的活动。
1923 年	因反抗日人教师歧视台籍学生而发动罢课，遭到师范学校开除。 年底与同遭开除的同学一起赴日本东京留学。
1924 年	考入东京大成中学四年级，开始参加"社会科学研究会"。
1926 年	考入东京外国语学校英文系。 参加日本学生运动，并参与组织"东京台湾社会科学研究会"，被选为委员。
1927 年	退出学校，正式参加"文化协会"，主编"文协"机关刊物《大众时报》，并继续担任"社会科学研究会"的工作。 在林木顺的领导下，组织"马克思主义小组"，筹备"台湾共产党"建党工作。小组成员有陈来旺（成城学院）、林添进（日本大学）、何火炎（早稻田大学）与苏新。
1928 年	"马克思主义小组"派陈来旺跟林木顺到上海，参加"台湾共产党"成立大会。陈来旺于七八月回东京。"马克思主义小组"成为"日本共产党台湾民族支部东京特别支部"，直接接受中共中央领导，陈来旺、林添进、苏新成为正式的共产党员。

时 间	重要记事
1929 年	《大众时报》被迫停刊。4 月，奉台共东京支部之命，返台从事工运；返台后，即进入罗东太平山伐木场当工人，组织"太平山木材工会筹备会"。 10 月，调到基隆矿区，与萧来福等人建立基隆地区党支部，并负责支部党务。 在支部领导下组织了"台湾矿山工会"，并发行油印报《矿山工人》。
1930 年	以矿山工会及台共基隆支部负责人身份参加台共扩大委员会会议。
1931 年	1 月上旬，王万得、赵港、颜石吉、陈德兴、吴拱照、萧来福、苏新、庄守等人经过在台北数次会议，决定成立台共临时领导机构，选出王万得、赵港、吴拱照、萧来福、苏新五人为委员，领导工作并筹备召开大会。 5 月，在台北观音山召开台共第二次大会，选出新的中央委员，由王万得、潘钦信、苏新担任常委构成书记局，王万得为书记、潘钦信为组织部长、苏新为宣传部长。 9 月中旬，在党其他干部相继被捕之后，于彰化和美庄被捕，台共事件告一段落。
1933 年	日本殖民当局公布台共事件"预审终结书"。
1934 年	台共案件正式判决，苏新被判十二年徒刑，未判决拘留期间扣二百五十日，从 1931 年 9 月中旬被捕算起，实际刑期为十四年多。 在狱中完成《闽南话文法》及《闽南话研究》之著述。
1940 年	日本建国 2600 年祭大赦，苏新被减刑二年多。
1943 年	9 月 23 日，满期出狱，坐牢共十二年。 10 月，到台湾矿泉公司当文书主任。
1944 年	4 月，至吴新荣、李君晰、徐清吉等人所开设的佳里油脂公司担任专务理事。后又兼任"北门郡养兔组合"之专务理事。
1945 年	2 月，兼任北门"生鲜食料品统制组合"（合作社）专务理事。 8 月，日本正式投降。 9 月，与陈逸松、颜永贤、王白渊、胡锦荣、陈忻、陈逢源、王井泉等人组织"台湾政治经济研究会"，担任常务委员，主编《政经报》。 12 月下旬，退出《政经报》。与宋斐如、白克、马锐筹、夏邦俊、郑明禄等人创办《人民导报》，宋斐如当社长，苏新担任总编辑。

时　间	重要记事
1946 年	五六月间，台湾省记者公会成立，以《人民导报》总编辑身份当选公会理事。在国民党省党部压力之下，继宋斐如离开社长职位之后，被迫离开总编辑职位，同时被撤销记者公会理事一职。 刘启光、林忠、丘念台、李纯青、周天启等人创办《台湾评论》，李纯青担任主编，苏新与王白渊担任执行编辑。该刊因一篇通讯稿《老百姓赞扬新四军》而被迫停刊。 夏季，与许乃昌（《民报》总编辑）、杨云萍、王白渊、陈绍馨等人组织"文化协进会"，苏新担任理事会常委并兼任宣传组主任，负责编辑文化协进会机关刊物《台湾文化》。 离开《人民导报》之后，与王白渊、孙万枝、吕赫若、吴克泰、蒋时钦、蔡子民、周庆安等人创办《自由报》，由王添灯出资，蔡子民担任总编辑。《自由报》于"二·二八"事件前夕被迫停刊。
1947 年	"二·二八"事件发生，与《自由报》同仁组织"对策委员会"，协助王添灯在"二·二八处理委员会"的演讲稿及广播稿，"三十二条处理大纲"即该对策委员会草拟，由王添灯向"处理委员会"提出。 由王添灯向《中外日报》社长林宗贤推荐，于3月3日接掌《中外日报》临时总编辑之职；3月6至7日，以社论形式发表《警告处理委员会的委员们!》 3月8日，国民党军队登陆基隆，《民报》、《人民导报》、《大明报》、《中外日报》相继被封。 3月13日，苏新逃离《中外日报》，躲藏二个月之后，于5月23日举家逃往上海。 7月8日，在台湾警备司令部通缉之下，与石霜湖医师一起离开上海到香港，家属托吴克泰、蔡子民二人设法带回台湾。 9月，与谢雪红、杨克煌等人一起创办新台湾出版社，出版《新台湾丛刊》，苏新担任编辑工作。 11月12日，与谢雪红等人组织成立台湾民主自治同盟。
1948 年	五六月间，台盟香港支部成立，主任委员丁光辉、总务部主任杨克煌、组织部主任颜光、宣传部主任苏新、青年学生部主任刘雪渔。 1月初，由谢雪红、杨克煌介绍，重新入党。候补期六个月，于同年7月转正。 经由刘思慕介绍，参加乔木（乔冠华）主持的国际问题研究会之日本组，该组组员有夏衍、刘思慕、郑森禹、孙××（《华商报》编辑）、蔡北华及苏新。

时　间	重要记事
1949 年	3 月初，在香港出版《愤怒的台湾》，署名为庄嘉农。 3 月底，受命与林良才、柯秀英、丁光辉四人到北京，于 4 月 10 日出席"新民主主义青年团第一届全国代表大会"。5 月 6 日被分配到中央统战部第一室（研究室）资料组当组长。 7 月 16 日到达上海。 8 月初，中共华东区台湾工作委员会成立，担任宣教科副科长。
1950 年	4 月，华东人民广播电台成立台湾组，在该组兼任审查稿件工作。 7 月，华东台成立台湾室，苏新兼任华东台台湾室主任，蔡子民为副主任。 12 月，华东台迁到南京。
1951 年	苏新因工作关系无法迁到南京而辞去台湾室主任。
1953 年	4 月，华东台对台广播工作迁回上海，苏新再任台湾科科长。
1954 年	6 月，北上到京参与筹备中央人民广播电台对台广播部。历任：业务秘书、新闻组长、调研组组长、节目组组长、闽南话组组长。蔡子民为新闻组组长。
1966 年	在"文革"中受迫害。
1969 年	被开除党籍，到河南省中央广播事业局"五七干校"劳动。
1974 年	回北京，退休。在家编纂《闽南语之形成与演变、语音、语法》，著《从香港看台湾》。
1978 年	平反、恢复党籍。恢复中央人民广播电台台播部工作，在家培养闽南语播音员，完成《闽南语语法》的编纂。
1979 年	10 月，担任台湾民主自治同盟第二届总部常务理事、研究室主任。著《关于台湾乡土文学》、《关于台湾"民主"运动》、《关于"台独"问题》等文。
1980 年	3 月，任中国人民政治协商会议第五届全国委员会委员。 7 月，率台盟总部代表团赴日本参加台湾省民会年会。
1981 年	11 月 13 日，因患肺气肿等疾病，在北京逝世，葬于北京八宝山革命公墓。

简吉　台湾农民运动的领袖

　　简吉（1903－1951年），男，台湾高雄人。祖籍福建。1921年毕业于台南师范学校，在凤山公学校任教。1925年辞去教职，组建凤山农民组合。1926年组建台湾农民组合。1929年因"二·一二"事件入狱一年。1931年因"台共事件"被捕，1941年获释。1947年参加"二·二八"起义，任台湾自治联军政委，同年加入中共。1950年被捕，1951牺牲于台北马场町刑场。

台湾农民组合领导人
简吉曾加入台湾共产党

　　简吉领导两万四千台湾农民组合员，动员十万农民，与日本殖民当局抗争。来自社会最底层的台湾农民发出的怒吼，让日本殖民当局十分恐惧，而动用所有警力在全岛大逮捕进行暴力镇压。在这条荆棘密布的抗日道路上，简吉和战友们一起坚持到最后一刻。简吉信仰共产主义，先后加入台共、中共，为台湾解放运动奉献了青春和生命。

为解救农民而辞去教职

简吉原是一名受人尊敬的乡村教师，他对台湾农民怀有深厚的感情，甘愿为台湾农民奉献一切。2004年，95岁的原台湾农民组合员周甜梅（2年后逝世）女士，回忆了70多年前与简吉做邻居的一段往事，让我们得以窥见简吉对农民之爱和音乐之爱，使我们对他辞去教职从事农民运动的举动有更深刻的理解。

当时简吉住在屏东农组办公室，每天清晨戴着草帽、骑着脚踏车出门，奔波在尘土飞扬的乡村路上，去各个村庄演讲，帮助农民处理争议。屏东农组办公室就在周甜梅（与原嘉义市长张许世贤是台南第二高女校友，后两家结为亲家）家对面，简吉与周甜梅的先生关系很好，简吉曾对周甜梅夫妇说：

> 台湾人，唐山移民来台湾，两手空空，靠两只脚，一双手。一块土地啊，一粒稻米啊，都是血汗，都是眼泪。日本人什么都不管，来了就抢。台湾人，真可怜，一点血，一点泪。

这是简吉内心情感的自然流露，他对家乡父老深沉的情感，深深打动了周甜梅夫妇。有许多夜晚，满身尘土的简吉扶着脚踏车回到农组办公室，疲惫不堪。他去周甜梅家喝一口水，说不到两句话，就说："快累死了，得回去休息。"不一会儿，农组的办公室就传出小提琴悠扬的旋律。不懂小提琴的周甜梅和先生不解地问道："你刚刚不是累得要死了，怎么还在锯呀锯的，锯个不停呀？""不是啦！"简吉自己也笑起来："你们不知道啊，如果我不拉小提琴，那才真的会死呢！"简吉对音乐的热爱，恰恰体现了他对生命和生活的热爱。他拨动琴弦，抒怀对生命的体悟，对乡亲的真挚情感。

简吉是一个情感丰富的人，他热爱教师职业，爱他的学生。简吉曾说："公学校教育当然要'融于儿童的心思，与他们同欢共悲'。"他去学生家做家访，看见学生们悲惨的生活状况禁不住落泪。生长在农村的简吉，十分理解台湾农民在日本殖民统治下难以生存的社会现实。他在1929年"二·一二"事件（殖民当局于1929年2月12日针对台共进行的大检举）公审中，陈述了辞去教职的缘由：

> 我在村庄作教员的时候，学生们概由学校归家，都要再出田园劳动，因为过劳所致，以致这样的儿童，虽有往学校就读，而教学效果往往便失其半。为此我想，在那里当教员，却是月俸盗贼。为这样的原因而辞出教职。

简吉不愿意当"月俸盗贼"，为帮助贫困的台湾农民改变命运，而作出辞去教职专门从事农民运动的大胆决定。他帮农民撑起一面与日本殖民当局抗争的旗帜，执拗地冲在台湾抗日运动的最前沿。

组建台湾农民组合

台湾农民占全岛人口的一半以上，农业产品的经济命脉被日本人掌控。尤其是蔗糖业，百分之九十以上的经济利益属于日本资本家，蔗农深受日本殖民当局的压制和制糖会社的压榨，苦不堪言。1925年高雄新兴制糖会社向农民要求返还土地，引起凤山农民的强烈不满。1925年11月15日，凤山小作人组合（由黄石顺发起成立于1925年5月23日，黄石顺后任台湾农民组合领导人之一）改名为凤山农民组合，推举简吉为组合长，当时组合员八十余人。简吉带领凤山农民组合反抗陈中和新兴制糖会社收夺佃农的土地。佃农一旦失去耕作的土地，就失去了生活来源。简吉团结农民进行集体抗争，协助农民与制糖会社谈判，最终取得胜利，迫使陈中和新兴制糖会社同意延后七年收回凤山街的土地。

凤山农民组合的反抗斗争对于深受日本殖民当局压迫的台湾农民的影响甚大，简吉积极支援各地农民与日本殖民当局的争议。1925年12月公布的大肚"官有地拂下"政策，使农民由土地开垦者、土地所有人变成日本退休官吏的佃农，日本退休官吏要求移交"无断开垦地"发生争议。大肚的赵港（台湾农民组合领导人之一，台共党员）组织农民反抗，并向凤山的农民运动领导人简吉求助。日后，赵港与简吉一起并肩战斗，为台湾农民运动殚精竭虑。赵港的侄子赵清云先生，在回忆录中这样描述简吉协助大肚农民抗争的细节：

> 不久之后，简吉就来到大肚协助我们……每当简吉来到组合的时候，附近的农民争相走告："简仔来了！简仔来了！"村里的农民都很尊敬他，我们年轻人更佩服他。简吉随身总携带着一个装得满满的公事包，里面全是资料及书籍，他从皮包中取出各种资料详细告诉大家，他们在凤山的抗争经验及如何与制糖会社对抗的情形。处于农村，缺乏资讯的农民都听得大感兴趣而不肯离去。

当时台湾文化协会的机关报《台湾民报》，对大肚退休官吏土地争议事件的报道层见迭出，大肚农民的反抗受到台湾民众的关注。1926年4月26日，简吉与赵港到台北总督府，向内务局地方课长以及一名秘书官陈情，要求取消退休官吏的放领地，而改予农民。陈情毫无结果。日本殖民当局对大肚农民的抗争进行暴力镇压。在简吉的支持和帮助下，1926年6月6日，大甲农民组合在大肚庄妈祖庙举行成立大会，有700余名农民参加，推选赵港为组合长，并通过简吉所拟的纲领规章。

大甲农民组合团结农民继续进行抗争，使土地争议更加活跃，并积极发起请愿和陈情运动。1926年7月25日，赵港带领台中、台南、高雄三州属下退官人员放领土地关系民众代表 12 人，前往总督府陈情。次日访总督官邸，陈述请愿主旨，并与台湾文化协会联系，在文协领导人蒋渭水、连温卿的支持下，于当晚在港町文化讲座举办农民演讲会，演讲会由凤山农民组合的黄石顺主持。

农民组合反抗日本殖民当局的抗争运动，不仅得到广大农民的支持，还得到台湾文化协会等抗日进步组织的援助，产生较大社会反响。台中大甲农民组合、台南曾文农民组合、嘉义农民组合等相继成立，为台湾农民组合的成立奠定了基础。在简吉和赵港等人的提议下，1926 年 6 月 28 日，凤山农民组合代表简吉、黄石顺、陈连标，大甲农民组合代表赵港、赵钦福、陈启通，曾文农民组合代表张行、杨顺利，嘉义农民组合代表林龙、林敬等 10 人会合，讨论建立一个全岛性的组织，以凝聚台湾农民力量，共同与日本殖民当局抗争，并通过简吉、黄石顺提出的设立"台湾农民组合"的提议。1926 年 9 月 20 日，台湾农民组合本部设于凤山街县口三五〇番地，并计划于同年 10 月在凤山举办创立大会。1926 年 9 月下旬发生凤山支部组合员在陈慷慨宅集会的治安警察法违反案件，这是日本殖民当局故意制造的事件，以压制农民组合的活动，使台湾农民组合成立大会终未能按预定计划举行。虽然如此，并不能阻止这个全岛性的农民组合成立。其后，简吉被推选为台湾农民组合中央委员长，中央常任委员为简吉、陈连标、黄石顺。1927 年 9 月台湾农民组合中央常任委员阵容扩大为：简吉、黄信国、黄石顺、赵港、侯朝宗、陈德兴、陈培初、谢神财。台湾农民组合迅速发展壮大，成为日据时代台湾最大的抗日运动组织，如火如荼的农民运动被日本殖民当局视为最头痛的问题。

农组的演讲会和读书会

台湾农民组合与台湾文化协会的联络十分密切，受到文协演讲会的影响，农组经常开展宣传反对日本殖民当局的演讲活动，对于唤起农民的抗争意识产生了积极而重要的影响。日警对农民组合的活动十分关注，在农组演讲会现场，时常有日警巡查。1927年元旦，张行领导的台湾农民组合下营支部举办演讲会，邀请农组本部和文化协会的干部参加。演讲会吸引了许多邻近村庄的农民，会场里里外外挤满了人。日本殖民当局不仅派出日本官员旁听，还安排日警在现场监视。由于日警的干扰，每一位演讲者都被中途打断，没能留下完整的演说。许多年后，亲历该演讲会的洪水流先生记录了以下四段演说片断：

咱台湾的农民兄弟姊妹说起来实在很可怜，从天亮做到晚，三餐吃蕃薯签，配腌瓜、豆酱，穿粗布破衫裤，住破旧的房屋。咱每日做十五六个小时，但是收成统统被政府扣重税，被地主重税剥削走了，使咱不能赡养父母，养育妻儿，生活很艰苦。咱农民的子弟无力去接受中高等学校的教育，这是为什么呢？这就是日本帝国主义的殖民地愚民政策，他

1926年6月，台湾农民组合成立，简吉等担任主要领导人，图为台湾农民组合本部

们要咱做牛做马当奴隶，咱憨憨一直做，做给他们吃喝享受。

　　这是日本来台湾硬占台湾人便宜，譬如说，同样是在工厂做工，日本员工做的工作比台湾人轻松，他们一天工资两元多，咱台湾人任最高级的员工，比他们能干，工资还不到八角，大多数中级员工六角、五角，而粗工只有两三角；钱赚得比他们少还要看他们脸色，仰他们鼻息，为了讨他们好还得请喝酒、送礼！这实在太不公平！而且还要受他们支配欺压！

　　日本到台湾来硬夺去咱祖先开垦的土地，他们用各种名目把台湾人耕种几代的土地，放领给日本的退休官员，硬夺去几千甲土地，使台湾几千户人家失去田园，没有土地耕种无以为生，日本政府这样欺压台湾人，比强盗土匪还野蛮。

　　制糖会社的大资本家与台湾总督府勾结，为他们划定会社的专利权区域，给予会社的经济垄断，剥削蔗农，在会社专利区域内种甘蔗，蔗农不得外卖，也不能私自制糖，连自己吃甘蔗都不行，蔗价也由会社自订，会社自设秤量，很不公道。蔗农与制糖会社争议，会社利用警察，把蔗农抓去关。

　　农组的演讲会一针见血地指出日本人与台湾人之间的差别待遇，抨击日本殖民当局对台湾民众的剥削和压制，引起台湾农民的强烈共鸣。农组演讲会是农民组合凝聚力量反抗日本殖民当局的重要方式之一，受到日警的重点监查，演讲会被强令中止的情况时常发生，甚至还将言辞"出格"者强行逮捕，虽然如此，并不能阻止演讲会的开展。

　　农民组合不仅帮助农民处理争议问题，维护农民的权益，还组织读书会，教农民学习汉文，唤起农民的祖国意识。农民组合从上海购买大量平民课本和平民千字文课本，作为农组读书会教农民学习汉文的教材。许多农民参加农组的读书会活动，平民千字文课本中孙中山先生的头像及中国国旗格外引人注目。此外，农民组合从上海买回许多以孙中山肖像为标志的"中山"牌火柴，送到各个农组支部销售，所得收入用于筹措农民运动经费。这些祖国大陆生产的火柴质量并不比台湾农民用的日本制"猴标"火柴差，"中山"火柴五分钱一封（十小盒），价格比"猴标"便宜二分钱，十分俏销。当时许多不识字，更不懂汉文的台湾农民，虽然对祖国还比较陌生，但只要提到孙中山，无人不晓，因为他们都使用过"中山"火柴。农组读书会还教农民唱祖国的歌谣，许多骑在牛背上的牧童常爱哼这些悦耳的祖国歌谣。农民们学习汉文、唱祖国歌谣，经常被日警干涉。1931年农民组合被日本殖民当局解散后，还有农民愉愉地唱当年农组读书会教的祖国歌谣，足见祖国文化对台湾农民的吸引力。

受左翼革命理念影响

简吉与"二林事件"（1925年10月下旬，彰化二林蔗农组合发起反抗日本殖民当局的农民暴动）领导人李应章（文协理事，后赴祖国大陆加入中共）结为亲密战友。1927年4月，简吉应李应章邀请到二林演讲，遭到日警制止，随后简吉与李应章留影以示抗议。合影照印有这样的文字："二林农村演讲被检束纪念摄影，昭和二年四月二十日午后十时"。这张具有特殊涵义的合影，成为台湾农民反抗日本殖民当局的历史见证。

1927年4月20日，台湾农民运动领袖简吉（左）与战友李应章合影

李应章领导二林蔗农开展的反抗斗争，得到日本左翼组织的援

助，1926、1927 年日本劳动农民党成员麻生久和布施辰治先后为"二林事件"赴台辩护。简吉与麻生久、布施辰治接触，并安排他们到各地农村巡回演讲，传授日本农民运动的经验，使简吉和农民组合成员受到启发。据日警档案记载：

> 在全岛各地反对将土地放领予退官人员的运动过程中，与日本农民组合、劳动农民党建立了联系，尤其为二林事件而来台辩护的麻生久、布施辰治的协助与启发，逐渐走向左倾农民组合的形态，同时增强了结合为全岛性的统一农民团体的机运。

1927 年 2 月 20 日，农组中央委员长简吉和农组争议部部长赵港为"土地拂下"和"竹林争议"，赴日本东京请愿。虽然请愿未被接受，但此行对他们来说，颇有收获。他们拜访日本农组与劳农党，与日本左翼组织建立结盟关系，从日本农民运动中学到许多更加有效的斗争方法。返回台湾后，他们召集各农组支部学习日本农民运动的斗争经验，他们的专题演讲《日本农民运动》、《日本农民组合》使农组成员大开眼界。

简吉向日本劳动农民党提出派遣指导员常驻台湾的请求。1927 年 5 月 4 日，劳农党员古屋贞雄（律师）赴台湾，并到各地农村演讲，当月 22 日返回东京。应简吉邀请，1927 年 7 月 4 日古屋贞雄再赴台湾，在台中开办律师事务所，为农民争议案辩护，帮助和指导农民与日本殖民当局的斗争，为台湾农民运动的发展作出了贡献。关于古屋贞雄在台湾的活动情况及影响，日警档案记录如下：

> 他又致力于台湾农民组合阵容的扩展，整顿及其战术训练，将劳动农民党的思想背景及战略战术，原封转让于台湾农民组合。因此古屋来台之后的台湾农民组合显著增强了阶级斗争色彩，具有浓厚的政治斗争倾向，又采取暴露战术，

经常对大众加以宣传、煽动、挑拨农民的不平不满情绪，遇事则每每动员多数农民大众，藉陈情、请愿之名，行示威之实，如提出抗议书，颁发偏激文书指令，与岛内各思想运动团体形成联合战线，与岛内外友好团体的合作等等，皆全力以赴。

1927 年 7 月 22 日，《台湾民报》发表简吉的文章《大同团结而奋斗》，字里行间，明显流露出阶级斗争的意识：

我们必须正确地认识一切事物，不可看见片面的现象，而没却了事物的本质，不可只"见树木不见林"。我们必须提高我们的阶级意识，而结成广大的坚固的团结，而进攻呀！大家赶快起来斗争，而获得我们的生存权。日本资本主义要倒了，世界资本主义也要倒了，我们不仅仅是要由教育机关解放出来，而且要由一切压迫解放出来！

1927 年 12 月 4 日，台湾农民组合第一次全岛大会在台中乐舞台戏院（台湾人开办的戏院）召开，与会者 800 余人。古屋贞雄作为台湾农民组合的顾问，专程从朝鲜（声援朝鲜农民运动）赶回台湾参加大会，日本农民组合中央委员长山上武雄亦从大阪赶赴台湾参加盛会。台湾文化协会领导人连温卿以顾问身份出席大会。日本劳动农民党本部、日本农民组合本部、日本农民组合大阪联合会、朝鲜新韩会、东京新韩支会、大阪朝鲜劳动组织、大阪劳动大会、日本交通劳动协会及台湾各抗日团体等均发电文表示祝贺。此次大会声势浩大，得到了岛内外进步组织和团体的支持和响应，将台湾抗日运动推向高潮。

大会讨论"劳动农民党支持案"，肯定该组织对台湾农民组合的指导和支援，认为劳动农民党的斗争是为了无产阶级与弱小民族的利益，与台湾农民组合的纲领政策相通，明确指出劳动农民党是值得信赖的政党。农组中央委员会的提案"特别活动队设置案"就台湾农民组合的思想、政策、运动方针等的转向作出说明，指出"我们的运动业已渡过从事于所谓自然发生运动的时期"，"于当今阶段，我们非展开全体无产阶级的政治斗争不可"。大会还提出要"促进工农结合"，认为"农民运动应做工人运动的后盾"，"依照马克思主义指导支持无产阶级之方法，宜待之于解决农民问题之方针。因此，我们应奋发促进工农结合的实施。"黄信国当选为中央委员长，简吉、赵港、谢神财、陈德兴、杨贵（杨逵）当选为中央常任委员。

农民组合第一次全岛大会具有里程碑意义，左翼革命理念对台湾农民运动的发展方向产生了影响，使其由自然发生的农民运动，转向带有明显阶级斗争意识的革命运动。

与台共建立联系

1928 年，受日本政府针对日共进行的"三一五检举"影响，日共的外围组织日本劳农党被解散，台湾农民组合暂时失去日本左翼革命力量的援助。在这个关键时刻，谢雪红回到台湾，台湾农民组合与谢雪红领导的台共建立密切关系，为台湾农民运动带来又一次转机。

1928 年 5 月 14 日，因"上海读书会事件"被捕的谢雪红，被日本殖民当局押解回台湾。《台湾日日新闻》报道的关于谢雪红的消息，一时成为台湾人谈论的焦点，媒体披露的谢雪红留学苏联的身份引起台湾各抗日团体的关注。农民组合的简吉、赵港、杨春松（1926 年在广州加入中共）、杨克培（1927 年在汉口加入中共）等人拜访了谢雪红，和她交流台湾抗日运动情势。

当时正是台湾农民组合最活跃的时期，全台各地有 27 个地方支部，会员 24000 多人。1927 年至 1928 年，经农民组合指导的农民争议案件，达 420 余件。各地农民的抗争激烈，为更好地适应形势的发展，提升农组干部的思想素质和战斗能力，简吉和赵港计划举办一个青年干部训练班，希望得到谢雪红的支持。谢雪红欣然同意。简吉十分信任谢雪红，并邀请她出席农民组合中央委员会。

1928 年 7 月，青年干部训练班在农民组合本部开办，学员是各地农组支部的优秀人才。简吉主讲《现时的农民运动》、《官有地放领问题》、《竹林问题》、《殖民地政策批判》、《从掌握生产物管理权到夺回生产机构》、《殖民政策的由来与资本主义》、《资本主义机构的各项问题》等；谢雪红主讲《国际无产阶级运动》、《西来庵事件批判》等；杨克培主讲《普罗经济学》、《社会主义政治机构》、《无产阶级专政》等。

在谢雪红的影响下，青年干部训练班的学习课程由农民问题转向国际共产主义运动。这次难得的学习机会使农组的学员们获益良多。第二次中坜事件发生后，简吉、赵港等人号召所有干部全力支援中坜的抗争，学员们提前结束学习投入农民斗争，青年干部训练班中止。

声援中坜斗争需要活动经费，受简吉的委托，谢雪红积极帮助农组募款，并拜访雾峰林幼春等人，希望他们支持农民革命运动。在这次援助农组的活动中，谢雪红与简吉、赵港、杨春松、杨克培、简娥等人联系密切，并发展他们加入台湾共产党组织。

1928 年赵港陪同谢雪红考察家乡大肚庄的农民运动时，曾对乡亲们说："雪红姐是农民组合的一根很大很大的柱子！"作为台湾农民组合的领导人，赵港对谢雪红的评价，代表了农组领导层对谢雪红和台共的态度。谢雪红和台共对农组的抗日斗争产生了重要影响，使台湾农民运动焕发新的活力，将农民革命与台湾解放运动联系起来。

1928 年 11 月底，台共东京特别支部党员林兑携台共领导人林木顺的指令："预定于十二月底在台湾召开的农民组合全岛大会，以反映党的影响使命，应前往台湾"，以及指令书《农民问题对策》返台，与农组领导人简吉、台共领导人谢雪红会面。1928 年 12 月 30 日、31 日，农组第二次全岛大会在台中乐舞台戏院举行，参加者近千人。整个活动幕后指挥者是谢雪红和林兑。因谢雪红身份暴露，不宜公开露面，故谢雪红去大会现场了解情况后即撤离。谢雪红在《我的半生记》中描述了大会盛况：

> 1928 年 12 月 30 日和 31 日，台湾农民组合第二次全岛代表大会在台中"乐舞台戏院"举行。全岛有四十多个支部都派代表参加。开会之前各支部代表举着各支部旗由会场内的两旁走上主席台，在台上竖起四十多面红旗，极为壮观。到当时为止，这次大会可称是台湾历史上空前未有过的盛大集会。

这场声势浩大的全岛性农民大会，是在日本殖民当局的高压下进行的，全副武装的日警冲入会场候命。大会选任杨春松为议长，蔡瑞旺为副议长，由议长任命简吉为书记长。农组的议案与对策，几乎是依照林木顺的《农民问题对策》纲领进行的，并提出"拥护苏联邦"、"支援中国工农革命运动"等具有共产主义色彩的议案。简吉的演讲多次被冲上台的日警粗暴打断。1928 年 12 月 31 日，正在进行中的大会被日本殖民当局强令解散，简吉等八人被逮捕。农组第二次全岛大会在台共的革命战略和政治方针指导下开展，足见其与台共关系的密切程度。

1929 年 2 月 12 日，日本殖民当局发出"全岛大整肃"的逮捕令，史称"二·一二"事件。台中地方法院检察局指挥全岛的日警在台北、新竹、台中、台南、高雄等地搜捕，谢雪红、简吉等人被捕。殖民当局进行"二·一二"大检举，其目的是调查台湾共产党与台湾农民组合的关系，他们对台共组织通过农民组合开展活动已有耳闻，但缺乏证据，无法掌握实情，难以追查。据日警档案记载：

台湾农民组合内已被台湾共产党之势力所侵入，组合一切活动处在党之指导下，根据党之政策而行动之事实已甚明显。党活动最显著的表现均透过农民组合而为之。但当时尚未能明了党与组合之具体关系。当局对于讲究对策及研讨其实际情形曾加以种种考虑，一面与检察当局协议之结果，达到"不能放任明白实行共产主义之台湾农民组合存在，而毒害农村思想"之结论。而且藉检举之经过得以明了党之实体，在最少限度可以检举出版规则违反之犯罪的预想下，乃于昭和四年（1929 年）二月十二日，拂晓断行一齐检举。

因"二·一二"事件被逮捕者有 59 人，其中 8 人被释放，51 人被以违反治安维持法为由送检方。由于日本殖民当局未查获农组与台共关系之相关证据，最终以违反出版规则（印制第二次全岛大会宣言）的名义，将农民组合主要干部简吉、杨春松、张行、陈德兴、陈昆仑等 13 人交付预审。据杨春松回忆：

在法庭上，简吉为保护同志将大会宣言的印刷出版一事，自始至终咬定是自己所为，与旁人无关，愿一人承担全部责任。但裁判长识破了简吉的这一意图，未予理睬。

一审判处简吉监禁 4 个月。1929 年 7 月赵港保释出狱，8 月 31 日简吉保释出狱。简吉利用保释出狱的机会，与赵港一起加紧农组再建工作。1929 年 12 月 20 日，二审改判简吉监禁 1 年；杨春松、张行、江赐金、苏清江各监禁 10 个月。当时杨春松已利用保释的机会赴祖国大陆。

简吉因"二·一二"事件被判刑 1 年，他在狱中日记上写道：

专门处理法律事务的审判官，在第一审时只判处监禁四个月，连未判决拘留的一百二十二天计算在内，第二审却判处监禁一年，差距实在太大。更兼，作为所谓共产党案件，当成违反治安维持法案件在全岛大检举三百余人，从而轰动一时。为了掩饰那种毫无事实根据的局面，遂捏造成违反出版法事件。前年的事实是，由于散发同样文件，送交台南地方法院公审结果是一审判为无罪结案。事实上，成为本案证据的所谓台湾农民组合第二次全岛大会宣言书，是去年一月三日住宅遭受搜查时，其原稿与许多文件一起被警察署带走，第二天的四日，其他文件有两三份受到禁止宣布处分，关于这份文件在毫未受到注意的情况下，安然归还以后，换句话说就是在警察核阅完毕的一月五六日印刷后寄往各地，但在寄送途中几乎均被警察没收（只有麻豆的很小地区收到）。这个事实毫未使自己有罪恶感。

1930 年 12 月 24 日，简吉获释，他说：

像我入狱当时所写的感想那样，关于这次服刑，自己并未感到有任何罪恶。违法行为并不一定就是罪恶行为乃至不道德行为，可是，自己连违法的感觉都没有。

在台共抗日革命思想的影响下，简吉对台湾农民运动进行思索，他的所作所为是为让台湾民众从日本殖民统治下获得解放，是深得民心的，所以他没有丝毫违法和罪恶的感觉。他做好准备，将为台湾解放运动拼尽全力。

组建赤色救援会

在台共革命战略和政治策略的影响下，1930 年下半年，农组的斗争形式更加激进。1930 年 7 月 30 日，农组曾文支部动员 300 余名组合员包围制糖公司，要求改善蔗农工作条件，提高甘蔗售价。1930 年 8 月 1 日，为纪念"反战纪念日"一周年，农组各支部召开座谈会，农组屏东支部举行纪念大会，响应共产国际号召，反对帝国主义战争。1930 年 9 月 22 日，农组台南州支部联合会动员上千农民，包围学甲、佳里、麻豆、下营等各庄公所，举行示威运动，抗缴租税。1930 年 10 月 25 日，农组台南州联合会组织上千农民与日警发生激烈冲突。1930 年 11 月 7 日，俄国十月革命纪念日，农组各支部纷纷举行集会，农组台南州支部联合会约 300 人参加纪念活动，农组高雄州支部联合会约 600 人参加纪念活动。农组屏东支部印制"苏俄联邦革命十三周年纪念大会"标语，并提出"土地归于农民"，"田租即时减少三成"，"争取言论、出版、集会、结社的绝对自由"，"打倒一切反动团体"，"支持中国工农"，"反对日本帝国主义强盗战争"等口号。1930 年 11 月，农组举行全岛性巡回演讲会 20 场，2 万农民组合员参加。农组的反抗斗争激烈，带有十分明显的共产主义倾向。

1931 年 1 月 1 日，简吉出狱第七天，赴嘉义竹崎参加农组中央的秘密会议，详细审议"支持台共案"、"提倡组织反帝同盟案"、"建立赤色救援会组织案"等十七项议案。这次会议决议支持台共，使农组名副其实地成为台共的外围团体，并要求各地农组进行重建和扩建。1931 年 3 月 24 日，赵港在台北意外被捕（在狱中牺牲），台共的许多机密文件被日本殖民当局查获。同年 4 月，台共党员陈德兴被捕，日本殖民当局查出台共的相关线索。日警对台共全面而疯狂的镇压开始了。1931 年 6 月，谢雪红、杨克培、杨克煌等台共党员被捕。1931 年 7 月，王万得、萧来福、潘钦信、简娥等台共党员被捕。农组的主要干部几乎都加入了台共，亦有多人被捕。

面对日本殖民当局对台共的全面破坏，简吉着手筹建台湾赤色救援会，积极开展救援和革命斗争。1931 年 8 月 9 日，简吉召集尚未被捕的农组和文化协会成员陈结、陈昆仑、张茂良、詹以昌、王敏川等人，密会于台中文化协会本部，商议成立台湾赤色救援会，简吉指出：

"本救援会的组织与台湾革命运动有至大的关系，其进展如何将直接影响到台湾革命的消长。当前吾人最紧急的重要工作就是努力本会的组织，期望其成为国际赤色救援会台湾支部。"会议决定：

> 台湾共产党的检举虽然有逐日扩大的模样，惟内外诸情势时时刻刻推移，党的活动不可一日休止。现在应调查党中央委员未遭检举者，务必设法恢复联络，另方面派遣同志赴中国，设法与中国共产党或国际东方局恢复联络，并依据其指令计划，再建中央。由于文化协会被视为妨碍无产阶级革命运动，尽快解消；农民组合的合法性活动已被封锁，暂时也无法活动，所以应以农组组合员与会员为基础，进行党的再建计划，先吸收为赤色救援会的成员，透过救援被检举党员的活动，进行争取及训练大众的工作。为实行前述方针，应设置赤色救援会筹备委员会。

简吉被推选为赤色救援会筹备委员会的负责人。赤色救援会会员主要由农民组合和文化协会的成员组成。早在农组第二次全岛大会时，就讨论设立赤色救援会的议案。救援会以会员十人为一班，五班为一队，随着队的增加设置地方委员会。当组织遍及全岛时，设立中央组织。救援会明确提出："这是为了救援被日本帝国主义所逮捕的同志而做的。这些同志因被捕，家庭生活艰苦，他们为农民工人而受苦，我们有义务照顾他们的家人。有钱出钱，没钱出力，为他们做一点劳动也是应该的。"简吉组织的赤色救援会极具凝聚力和号召力，团结了许多农民和工人，秘密救援因台共事件而被捕的同志及家属，开展台共的重建工作，并发展了一批新加入的台共党员。由于敌我力量悬殊太大，赤色救援会的工作只能转入地下。

1931年年底，秘密开展活动的赤色救援会组织被日本殖民当局侦知。1931年12月，日警以赤色救援会的机关杂志为线索，展开对台共的追查，在嘉义郡竹崎庄樟脑寮、瓦厝浦、樟树坪部落拘捕 10 余人。随后日本殖民当局展开全面扫荡，全岛日警协助追捕行动，拘捕赤色救援会的所有关系者 300 余人。农民组合、文化协会、赤色救援会被解散，在台共领导下开展抗日运动的一切组织被全面肃清。简吉作为赤色救援会的主要领导人，被捕入狱，他是台共中央委员，被判刑 10 年，1941 年获释。

台湾光复后，简吉继续开展农民运动。1947 年参加"二·二八"起义，同年加入中共。1951 年，简吉在台湾牺牲。简吉深爱家乡台湾，为台湾抗日运动入狱 11 年，为祖国统一奉献生命，无不彰显其爱国情怀和英雄气质。

张志忠 宁死不屈的硬汉

张志忠（1910－1954 年），男，原名张梗，化名张光熙、杨春霖等，台湾嘉义人。中共党员。先后参加闽南台湾学生联合会、台湾无产青年会。1932 年加入中国共产党，奉命回台发展台共组织。1933 年因上海台湾反帝同盟事件被捕。1939 年毕业于抗日军政大学，被派至八路军一二九师冀南军区敌工部。1945 年年底奉命回台湾。1946 年 7 月，任中

张志忠

共台湾省工作委员会委员兼武装部长。1949 年 12 月被捕，1954 年 3 月在台北牺牲。1998 年被中国共产党追认为革命烈士。

张志忠在祖国大陆参加台湾学生抗日运动，接触共产主义思想，加入中国共产党。1931 年的"台共事件"使台共组织遭到重大破坏，张志忠曾奉命回台发展台共组织。抗战爆发后，他加入八路军队伍，参加冀南前线的抗日战斗。抗战胜利后，张志忠奉命回台湾领导地下革命工作，与谢雪红、简吉等"老台共"并肩战斗，并为台湾革命奉

献生命。

参加台湾学生抗日运动

张志忠出生于嘉义新港一个赤贫农家，从新港公学校毕业后，在乡绅林维朝的资助下，偷渡到祖国大陆，进入厦门集美中学。1924年4月，在校友翁泽生的组织和号召下，张志忠等集美中学的台湾同学纷纷参加闽南台湾学生联合会。张志忠和同学庄泗川（嘉义人，后加入中共）共同主编机关刊物《共鸣》。据日警档案记载：

> 该会又于大正十三年（一九二四年）五月，计划发行机关杂志而创设了杂志社——闽南台湾学生联合会共鸣社。策划刊行杂志《共鸣》，并以庄泗川（嘉义）、张梗（嘉义）为主持人，进行募稿。

《共鸣》杂志创刊号明确表达反对日本殖民统治，支持岛内抗日活动的主题，刊物的文字极富感染力：

> 同胞们，觉醒吧。
>
> 台湾议会期成同盟会多位会员已被宣告徒刑。打破陋习大演讲会的多位青年已被收押了。
>
> 台湾同胞，觉醒吧！
>
> 以诸位的血泪，换取诸位的自由吧。
>
> 中华同胞，觉醒吧，觉醒吧！
>
> 勿为日人离间之计所欺蒙。

《共鸣》报道台湾议会期成同盟、台北无产青年会等团体的抗日活动，期望"有血有泪的各位同胞，赶快起来，奋发前进，打垮强权，求取我们的自由"，激发爱国同胞们的抗日思想。闽南台湾学生联合会反对日本殖民统治，支持台湾议会请愿运动，并举行演讲会，向祖国大陆同胞叙述台湾属于祖国的历史，以及台湾同胞 30 年来持续不断的抗日斗争。闽南台湾学生联合会的抗日活动得到祖国大陆同胞的支持和援助，该组织成员亦积极参加祖国大陆的反帝爱国运动。后闽南台湾学生联合会"由于学生的离散及情势的变迁"而逐渐沉寂。

此外，有研究者指出：1924 年 9 月，张志忠曾在《台湾民报》发表《讨论旧小说的改革问题》一文，连载 7 期。此信息有误，该文虽以"张梗"的名字发表，但此张梗另有其人，并非张志忠，而是毕业于日本早稻田大学的台南人张梗[①]。

1925 年张志忠返回台湾，与岛内抗日组织联络。1926 年 12 月，参加中共台籍党员蔡孝乾、王万得组织的台湾无产青年会，张志忠负责该组织在嘉义的抗日活动。据日警档案记载：

> 昭和二年（一九二七年）一月二日，王万得、高两贵、周天启、蔡孝乾、陈崁等几名联盟员会合于彰化陈金懋家。王万得提议纠合各地无产青年组织职业别劳动组合，在联盟指导下宣传主义并致力于实践运动，推以下各人为暂时的地方负责人。
>
> 台北地方　高两贵
>
> 彰化地方　黄朝宗　陈崁　周天启　蔡孝乾
>
> 嘉义地方　张栋（梗）

台湾无产青年会与改组后的台湾文化协会关系密切。1927 年 2 月，日本殖民当局取缔台湾无产青年会扩大之台湾黑色青年联盟，进行全面检举，逮捕 44 人。张志忠在大检举中被捕，1927 年 10 月被

---

①张梗，台南人，台湾医学专门学校毕业后，赴日本就读于早稻田大学政治经济学部，加入新民会。1924 年 8 月创作的独幕剧《屈原》，成为台湾戏剧史上的第一部新剧。其撰写的《讨论旧小说的改革问题》一文，连载 1924 年 9 月 11 日至 11 月 11 日《台湾民报》，成为台湾新旧文学论争中声援张我军的一篇力作。曾任《台湾新民报》东京分社负责人。著《关于台湾报纸之创设》。未及不惑之年逝于日本。其子系台湾文化界名宿叶荣钟之婿。

免诉。

出狱后，张志忠辗转到祖国大陆，在福建参加翁泽生等人组织的台湾人团体，继续从事抗日活动。1930年2月，在中共台籍党员翁泽生、林木顺等人的帮助下，厦、漳两地台籍学生重建闽南（台湾）学生联合会。张志忠积极参加重建后的闽南（台湾）学生联合会的抗日活动。1930年10月，台湾发动雾社起义，重建后的闽南（台湾）学生联合会积极声援台湾泰雅族同胞的抗日斗争，呼吁"我等同胞应更加团结援助暴动蕃，共同奋起打倒帝国主义"。并响应翁泽生领导上海台湾青年团发起的"拥护雾社番蜂起运动"，以"留集（美学校）台湾学生有志团"的名义发行《援助台湾蕃族革命号召宣言》和《台湾革命特刊》，秘密送到台湾岛内，在台湾民众中产生较大反响。张志忠参加闽南（台湾）学生联合会组织的支持和声援雾社起义的活动，并参加该组织的社会科学研究会。据日警档案记载：

前述拥护雾社蕃人暴动蜂起运动于厦门天马山召开所谓
结论会后，又在厦门集美学校英语教师中国人陈天弼的居室
组织社会科学研究会。会员分成两班
陈天弼的班　侯朝宗　王灯财　董文霖　王光天　张　梗
王天强　高水生　林明德
集美学校寮的班　苏深渊　王太鑫　林清淮　郑明显
陈　鑫　蔡大河　陈坤成

这段时间，翁泽生系统地学习共产主义理论，对共产主义和中国革命有了更深刻的认识和思考，为他日后选择中国共产党的革命道路打下了基础。

1931年张志忠从集美中学转学至漳州第八中学。应该指出的是，此时张志忠的学生身份是"虚"的。八年前他进入集美中学，由于热衷于台湾学生抗日运动，使集美中学的学习断断续续；八年后，他转

入漳州八中，继续从事抗日革命。由此看来，张志忠漳州八中学生身份，为他参加革命活动起到很好的掩护作用，后者才是他到漳州的真正目的。1932年5月，台共领导人翁泽生由上海赴厦门，指派王碧光（又名王灯财，台湾台中人）在厦门训练台籍青年，为回台再建台共组织（1931年3月以后，因"台共事件"，台湾岛内的台共组织遭到重大破坏）做准备。据王碧光回忆：

就在这段期间，从集美中学转到漳州八中就读的张梗来厦门找我，他向我表示，他准备回台，参加实际工作。

在厦门期间，张志忠与老乡、集美中学同学王碧光一起参加革命活动。后经负责厦门台籍学生运动的侯朝宗（又名刘启光，台湾嘉义人，曾任台湾农民组合中央委员）介绍，加入中国革命互济会。由王碧光推荐，加入中国共产主义青年团，嗣后加入中国共产党，并参加中共厦门市党委的训练班。王碧光向台共领导人翁泽生报告张志忠希望回台湾参加抗日革命的意愿，翁泽生遂派遣张志忠回台发展台共组织。返回台湾后，张志忠与在上海的翁泽生保持联络。在翁泽生的领导下，张志忠往返于台湾和祖国大陆之间从事革命活动，1933年因上海台湾反帝同盟事件在上海被日警逮捕，同年6月被移送日本殖民当局的检察机构，据日警档案记载：

昭和七年（一九三二年）七月八日，搜查告一段落。关系者达六十三名，附有罪意见移送者郑连捷等三十名，剩下的三十三名滞留在上海等其他地方未遭检举，附上中止意见后送交检察局。随着后来的逮捕行动，昭和八年（一九三三年）五月三十日将张德明移送检察局，同年六月二十九日移送张梗，同年十一月六日移送蒋文来。

上海台湾反帝同盟在中共台籍党员翁泽生的领导下，开展反抗日本殖民统治的爱国活动，成为祖国大陆反帝爱国运动的一部分。在革命实践中成长起来的张志忠，深得翁泽生的信任。张志忠因上海台湾反帝同盟事件被捕后，利用保释的机会逃离台湾，辗转到祖国大陆，暂时与组织失去联系。

参加八路军的抗日战斗

1939 年春张志忠历经曲折抵达延安，进入延安中国抗日军政大学军士队受训，同年 8 月结训后，被派到八路军一二九师冀南军区敌工部从事对敌宣传工作。1939 年 8 月，在山东堂邑县大李庄战斗中，秋山良照被八路军第一二九师冀南军区新编七旅二十团俘虏，他被俘期间，八路军的张茂林和张志忠（当时化名张光熙）向他讲解社会发展史、国家论和战争论，对他的反战思想转变产生了重要影响。20 世纪 80 年代，日本人秋山良照在回忆录中描述张志忠等人抗战时期对敌宣传工作细节，秋山良照写道：

我在日军里的时候，曾参加了在泰安举行的师团通信演习。当时在泰安驻军的院子里，一个被捆绑着的八路军战士蹲在槐树下，他的衣服被弄得破烂不堪。后来听说为了让六十名新兵试胆量，把这个战士当作活靶子，活活地给刺死了。

我以一种难以置信的心情注视着绷带缝里露出的那个战士天真的眼神，逗人的圆圆的鼻子和那微笑着的厚厚嘴唇。他问我："你的爸爸妈妈和兄弟姐妹现在怎么样？"还说，战争结束后准备回家当老百姓了。

当时，我根本理解不了他为啥不恨我这个日本兵。

我跟张茂林和张光熙说："我理解不了。"他们俩人相继对我说："日本军部说什么由于中国排日和抗日才打这一仗的。根本不是那么回事。你可以设身处地想一想，如果一伙

124

人闯进你家，用不公平的便宜价格买你家的粮食，还想借钱。最后利用各种办法夺走了土地，侵犯了权益。这时你会怎么样呢？一旦你发出责问，他们就使用军队，砸开大门闯进屋子施加暴力。在这种情况下，你也得忍受吗？你的妻子被强奸，你的女儿被枪杀，房子被烧光，你还不去拼命抵抗吗？当然，我们把挑起战争，企图利用战争大发横财的日本军部与被强征入伍到中国打仗，实际上也是战争的受害者的日本人民区别看待。"

他们接着说："日本军部高喊什么'亲善'、'共存共荣'等口号，对照看一看日本军部实际上在中国干的事，你就可以明白那完全是一场虚伪的骗局，这是无可争辩的。"

1940 年冬，张志忠正式加入中共，后升任敌工部日军工作科科长。1942 年，他在冀南抗日前线亲历惨烈的"四·二九"战斗。秋山良照在文章《冀南平原》中叙述"四·二九"反扫荡战斗后，张茂林、张志忠等人带领"在华日人反战同盟"成员积极开展反战活动的有关情况：

"四·二九"以后，冀南平原从早到晚枪声不断。反战同盟冀南支部在张茂林、张光熙、倪初觉等许多中国同志的帮助下，在这种战斗环境里开展多种形式的反战活动，如：在墙上刷反战口号，做传单、撒传单，到碉堡前喊话，利用电话谈话等。

时任八路军第一二九师冀南军区敌工部部长的张茂林，与张志忠在冀南抗日前线并肩战斗 4 年，《隐蔽战线的传奇英雄——张志忠烈士》一文，记录了张茂林对张志忠参加抗日战斗及后来工作去向的回忆，文章写道：

张茂林，大连人，早稻田大学毕业。解放后曾任六机部领导，改名为张有轩。他与张光熙为敌工部懂日文的两人。他说，张光熙在冀南军区敌工部从事对敌宣传的工作，曾经带"在华日本人反战同盟"成员秋山良照，到敌人的碉堡下喊话，业务能力较强，个性顽强，不怕困苦，话不多，是个正派人物。

张茂林说，张光熙曾经向他谈过，他从台湾回到上海时，因为与组织失去联系，曾经四处流浪过一段时日。1943年，张茂林离开冀南军区，调到太行山区，他说，从此以后就没见过张光熙。1945年5月，当张茂林调回冀南军区司令部时，他听人说，张光熙已经与蔡孝乾一同派回台湾了。

张志忠在冀南前线参加抗日战斗，经受战争的考验，其丰富的战斗经验、过硬的革命素质、坚定的政治信仰和深厚的爱国情怀，是日后中共派遣他回台担当重任，领导台湾地下革命工作的根本原因。

在台湾开展地下革命工作

1945年抗战胜利后，中共华东局决定派蔡孝乾、张志忠、洪幼樵（汕头人）回台组建中共台湾省工作委员会。1945年年底，张志忠首先回台开展地下革命活动。

1945年12月下旬，张志忠在台中与谢雪红联系。经过几次接触后，张志忠向谢雪红表明中共身份，谢雪红则向张志忠说明成立"中国共产党台湾省委员会筹备会"（简称"筹备会"）事宜。杨克煌回忆：

> 1946年元月间，张志忠约一星期来找谢雪红一次，张来两三次之后，他对我们的情况已基本了解了，于是，他才告诉谢雪红，他是中国共产党派回来的中共党员，而谢也向他说明我们已成立了一个筹备会之事。这以后，我们的政治活

动和各项工作就都和张志忠商量，听取他的意见；且在互相了解政治身份后，张志忠来找谢雪红时，我大都在场参加谈话了。

当时谢雪红等人尚不了解中共在台湾的建党方针及组织形式，遂组建"筹备会"，为开展党在台湾的工作打基础。通过谢雪红的关系，张志忠认识了杨来传、廖瑞发、林良才等"筹备会"成员，以及杨克煌的堂弟杨克村。虽然杨克村没有加入中共组织，但他对谢雪红、杨克煌等人的革命活动一直很支持，并多次掩护张志忠。张志忠以杨克村住所作为中共的秘密联络站，并存放秘密书刊和上海党组织提供的药品等物资。"筹备会"于1946年6月解散，其组织和成员均接受中共台湾省工委领导。张志忠吸收谢富、蔡伯勋、杨克煌等原"筹备会"成员为中共党员。

张志忠向谢雪红介绍李友邦在祖国大陆参加抗日的情况，并说明李友邦的倾共思想和爱国爱乡的情怀。其后，谢雪红与李友邦建立秘密联系。谢雪红通过张志忠与中共台湾省工委联系，并按照张志忠的指示开展上层人士的统战工作。由于谢雪红的活动受到陈仪当局的监视，与中共有联系的基隆海军要塞司令部中将顾问蔡汝鑫，通过张志忠与谢雪红联络，利用特殊关系保护谢雪红的安全。

张志忠与原上海反帝同盟会会员、集美中学同学王天强，以及老台共林良才等人联络，凭借丰富的组织和战斗经验，在台湾积极开展党的地下工作，发展组织。1946年6月，张志忠赴上海向中共华东局汇报工作后，与中共党员、未婚妻季沄（江苏人）同返台湾。1946年7月蔡孝乾返台，中共台湾省工作委员会正式成立，蔡孝乾任书记，张志忠任委员兼武装工作部长，负责海山、桃园、新竹等地区的地下工作。

1946年10月25日，张志忠与季沄在台湾结婚。1946年11月11

日，季沄在给江苏南通老家的信中，向父母禀告她与张志忠（信中化名杨春霖）选择结婚日期的细节。季沄在信中写道：

> 春霖提议是 10 月 25 日台省光复纪念日，原因是当年离家，从日本逃往大连，大连至青岛，处于日本警察监视之下，是九死一生。10 年未和家中通讯，他母亲逢年过节都要哭哭啼啼纪念他，全家以为他被秘密处死，如今光复安然归来，所以光复纪念日是最合适的一天。

台湾光复，回归祖国怀抱，深得台湾民意。张志忠选择台湾光复纪念日作为结婚日，其祖国情怀可窥一斑。张志忠夫人季沄，1940 年在上海加入中共，她在台湾以英文教师身份为掩护，参加地下革命工作。

1946 年 12 月底，北京发生的"沈崇事件"，引发全国"反美抗暴"学生运动。张志忠策划了由台湾地下党发起的"反美抗暴"游行活动。1947 年 1 月 9 日，上万名台北学生组成的游行队伍，在街头高唱《义勇军进行曲》，高呼"美军滚回去"的口号，对台湾民众产生了较大影响。中共台籍党员吴克泰在张志忠的领导下，全力投入这项万人大游行的组织工作，负责召集学生会议、安排游行路线和设计游行标语等。据吴克泰回忆：

> 有一次谈到学运，他说组织游行示威时，最重要的是要组织纠察队，从游行队伍两旁保护队伍不受冲击。张志忠同志教给我的这一条宝贵经验，我在次年 1 月 9 日组织领导台北万名学生反美抗暴（即抗议美军强暴北大女学生）大游行中发挥了很好的作用，游行队伍不仅没有受到冲击，也没有人被打或被捕，取得了完全成功。第二天上午，张志忠就到我家，给了我许多表扬和鼓励，传达了地下党对我的关心与爱护，并给了我几项新任务。

1947年，张志忠参加"二·二八"起义，领导"台湾民主联军"在嘉义地区战斗，张志忠任司令，简吉任政委，陈篡地任副司令，并拟与谢雪红组建的"二七部队"会师。

1948年6月，张志忠赴香港参加中共召集的"台湾工作干部会议"，到台盟在香港筲箕湾的办公处，与台盟领导人谢雪红沟通台湾岛内的地下工作。当时，张志忠在台湾以经营进出口贸易作为掩护，开展地下革命活动。

1949年8月下旬，国民党保密局侦破"基隆市委会"组织，查获中共台湾省工委的组织线索，随后展开严密侦查。台湾地下党领导人张志忠的身份被暴露，保密局对张志忠跟踪调查，掌握其行踪及联络关系。知情者杨克村回忆了张志忠被捕情节：

> 当年张一家人住在新公园园口李进（振）芳的房子（二楼），以经营进出口贸易作为掩护。
>
> 不久，在张住处楼下，来了一个保密局的人，他在骑楼摆摊子，假装是卖香烟的。每天张出门时，这保密局的人就打信号给对街窗口那边的人，再由他们联系叫人用吉普车跟踪张。约经过三个月余的时间，他们掌控张的行踪后，才找机会把张抓起来。

1949年12月29日，张志忠在台北被捕[①]，张志忠夫人季沄随后亦被捕。与张志忠夫妇有密切联系，并掩护他们活动的党外同情者杨克村（漳化人）和李振芳（台北人）也先后被捕。

1950年10月30日，季沄在狱中给张志忠之弟张再添的信中写道：

---

① 关于张志忠被捕的具体时间，目前有两种说法。一是1949年12月29日，见吴克泰、蓝博洲《隐蔽战线的传奇英雄——张志忠烈士》；另一说是1949年12月31日，见曾建元《张志忠——二二八地下党人物小传》。

家中爸爸妈妈年纪太大了，现在知道小杨（张志忠和季沄的儿子）爸爸和我坐笼子，一定日夜不安，心中难受，请你好言安慰两位老人，说我们不是流氓小偷犯，不过是思想成问题的政治犯，没什么要紧。

季沄在信中安慰张志忠父母，申明他们是政治犯，无大碍。其实，当时被捕牺牲的台湾地下党不乏其人，季沄已做好为革命牺牲的准备。1950年11月18日，季沄在台北马场町刑场牺牲。

在狱中，张志忠坚贞不屈，并高唱《赤旗歌》和《国际歌》，以此鼓励难友，使他们坚定革命信仰。他常说："早讲早死，晚讲晚死，不讲不死"，叮嘱狱中难友保守党的机密。蒋经国曾两次到狱中劝降。第一次劝降时，蒋经国对张志忠说："张先生，有什么困难需要我帮助吗？"张志忠直言："你如果想帮助我，就让我快死。"蒋经国第二次见到张志忠时，张仍坚定表示："让我快死，就是对我最大的帮助。"1954年3月16日，张志忠在台北坦然就义。

张志忠大义凛然的革命气节令人佩服，负责台湾地下党案件的国民党保密局官员谷正文晚年回忆此案时，不得不说："张志忠后来虽然被判死刑，但是我对他的评价却最高"，"张志忠至终不肯接受，甚至在枪决前，仍向我表示，他所做的一切都是对的。"1998年，张志忠夫妇被中共追认为革命烈士。张志忠，这位中国共产党的硬汉，以短暂而光辉的生命，诠释了对家乡和祖国的挚爱，对共产主义信仰的忠诚。

陈昆仑和张玉兰 带领农民抗争的革命伉俪

陈昆仑（1905－1991年），男，台湾高雄人。曾任台湾农民组合中央委员、台湾文化协会中央委员、台共临时中央委员等职。1931年8月参加赤色救援会，被捕入狱五年，1937年出狱。台湾光复后，参加台湾革命先烈事迹调查和遗族的救援活动。1947年参加"二·二八"起义。1950年参加高雄州参议员选举，成为光复后第一任民选市议长。1954年以"资匪"的罪名被判刑六年，1960年出狱。1991年逝世。

张玉兰（1908－1967年），女，台湾高雄人。1927年参加台湾农民组合，曾任农民组合候补中央委员。1931年8月参加台湾赤色救援会，被捕入狱四年，1936年出狱。台湾光复后，参加台湾革命先烈事迹调查和遗族的救援活动。1967年逝世。

陈昆仑和张玉兰一起在高雄领导农民从事抗日运动，并成长为共产主义战士。陈昆仑在农民组合、文化协会、台共组织担任重要领导职务，是台湾抗日运动中的一名杰出人物。张玉兰出色的演讲才能令人折服，这位英姿飒爽的农民运动女斗士是台湾女性的杰出代表。陈昆仑和张玉兰有共同的革命理想——解救日本殖民统治下之台湾乡亲，他们一起奋战，坚持到最后，这对志同道合的战友终成革命伉俪。

为解救台湾农民而作出的选择

陈昆仑在台北工业学校读书期间，因不满日本殖民当局对台湾人的歧视和压迫，曾组织台湾籍同学与日本人抗争。台湾文化协会抗日思想对他的影响较大，他常去台北大稻埕文化协会总部听蒋渭水举办的文化讲座，积极参加文化协会组织的抗日活动。陈昆仑与几名来自祖国大陆泉州、厦门的同学，常在一起讨论社会情势，对孙中山领导的中国革命颇为关心和向往，流露出祖国情结。

1925年，陈昆仑从台北工业学校毕业后，回家乡潮州，与刚从日本归来的同乡好友陈德兴一起主持文化协会在潮州举办的演讲活动。陈昆仑参加文化协会举办的第三回雾峰夏季学校，并参加对文化协会转向产生关键作用的台湾无产青年会（1926年12月，在中共党员翁泽生的安排下，中共党员蔡孝乾、洪朝宗回台组织成立）组织的抗日活动，曾与无产青年会主要负责人王万得一起被日本殖民当局以"扰乱治安"的罪名逮捕，被关押在东港派出所。

陈昆仑关切台湾社会现状，深知台湾农民的痛苦，常和好友陈德兴探讨如何解救台湾农民。简吉带领台湾农民开展的抗日运动吸引了陈昆仑和陈德兴，他们希望加入简吉的队伍，一起为改变台湾农民的悲惨命运而努力。1927年3月，潮州东港大潭新发生农民争议，陈昆仑和陈德兴邀请台湾农民组合的简吉、侯朝宗（刘启光，抗战时期在重庆参加抗日活动）、陈培初等人到潮州演讲，让农民们学习了解农民组合的斗争经验。随后在陈昆仑与陈德兴的组织和帮助下，成立台湾农民组合潮州支部，成立大会是在陈昆仑住所举行的。从此，陈昆仑与农民兄弟们一起战斗，共同反抗日本殖民当局。

1927年，陈昆仑在潮州支部收到一份高雄女高学生张玉兰声讨校方的檄文，这名勇敢的女学生给陈昆仑留下了深刻印象。张玉兰以公开信的形式，陈述向农妇讲解社会情势而被校方强行开除的前因后果，驳斥校方不当的处分。这封公开信不仅在学校师生中传阅，张玉兰还将信送到凤山、屏东和潮州的农组支部，使退学事件成为当年轰动高雄的一场政治风波。此事惹恼了日本殖民当局，日警搜查在高雄的农组各支部办公室，收缴张玉兰的檄文，并以"违反出版法"的罪名起诉张玉兰等人。

张玉兰出生于高雄屏东一个富裕农家，是什么原因让这位生活在优越环境里的女学生投身于农民运动？张玉兰曾在农组屏东支部听闻一位农妇的悲惨遭遇，受到极大震撼。当时，农民组合的朋友半开玩笑地对她说："像张小姐这样出生富裕家庭的女孩，一定觉得不可思议吧！可是这就是台湾人民真实的生活。"农妇对农民组合援助的渴盼，对未来生活的渴求，触动了张玉兰，她想尽其所能帮助生活在台湾社会底层的这个群体减轻痛苦。于是，她开始利用课余时间参加农民组合的活动，尤其热衷于农民组合举办的演讲会，对贫困农民的生存状态有了更深刻的认识。在一次农组妇女座谈会上，张玉兰与农妇们热烈讨论社会现状和妇女问题，引起日警的注意，通告学校，让校方警惕这名"思想有问题"的学生，并命令张玉兰对参加农民组合活动的详情作出书面说明。事后不久，春节放假，张玉兰回潮州老家，向乡亲们痛斥台湾教育存在的问题，被日警侦知而报告学校。校方大为恼怒和恐慌，决定开除张玉兰。于是就有了张玉兰发出的轰动一时的公开信。张玉兰因此而被日本殖民当局拘禁五个月。出狱后，她正式参加农民组合。在张玉兰的影响下，同窗好友简娥（曾任农民组合中央委员、台共临时中央委员）也离开学校，成长为台湾农民组合的一员得力干将。

陈德兴与张玉兰结缘于台湾农民的抗日运动，共同的革命理想

——解救台湾农民——使他们在农民运动的战场上并肩作战，结下特殊而深厚的情谊。

在农民运动中并肩战斗

作为农组潮州支部的负责人之一，陈昆仑竭力帮助农民维护权益，得到乡亲们的一致拥戴。他和陈德兴领导农民们开展的一系列反抗租地活动，使日本官员家属利益受到损害，日本殖民当局极力破坏农组力量，收买相关人员另组"业佃组合"，试图瓦解农组潮州支部。虽然日本殖民当局对陈德兴领导的抗日力量制造种种障碍和麻烦，但无法阻挡农组潮州支部的发展和壮大，随着潮州、新圆等地陆续发生的制糖会社及私人的土地租约事件，越来越多的农民加入农组潮州支部。

农组高雄内埔支部成立后，陈昆仑到高雄从事农民运动。1928年2月3日，陈昆仑参加农民组合在台中市荣町本部事务所召开的中央委员会，与简吉、杨贵、赵港、陈德兴等人一起成为特别活动队队员，被任命为高雄州的地方斗士。陈昆仑在乡亲中的影响力和号召力极强，先后当选为农民组合和文化协会的中央委员。农组和文协是当时台湾极具影响的两个抗日组织，在台湾抗日史上占有十分重要的地位。足见，陈昆仑是一名活跃于台湾抗日运动中的杰出人物。

在陈昆仑的领导下，亲密战友张玉兰在高雄州屏东支部的表现相当出色，她不知疲倦地到农家访谈，了解农民们的疾苦与需要，深得农民的信任。在屏东支部举办的读书会活动中，张玉兰发挥出色的演讲才能，为大家讲解时势，介绍农组的斗争经验，增强农民们的战斗力。在农民眼中，张玉兰是一位十分能干的农组女干部。1928年7月4日至7月13日，张玉兰与张炳煌（张克敏）、林仲堵、刘建业、潘钦德、简娥、廖益富等七人参加农组本部举行的为期十天的培训班。这次短训学习的课程有《台湾现实问题》、《台湾农民运动》、《农民运动关系法规》等，简吉亲自为他们讲解农民组合的战略战术，并以现实斗争中的蔗农问题、竹林问题、香蕉问题、山林问题、佃农争议、埤圳对策等为例阐释共产主义运动的实践，使学员们深受启发。

1928 年 7 月 17 日，陈昆仑与简吉、赵港、杨春松等九人，前往总督府提交抗议书，反对日警取缔农组开展的农民争议活动，并在大稻埕文化讲席所举行演讲会，产生了较大影响。这份抗议书写道：

我们佃农遭受地主的残酷剥削，我们的生活现已坠入悲惨的渊底。贪婪的地主仍不知足，非但一粒也不减少田租，反而不断强行提高，不同意则以收回土地为威胁，想要扼杀我们佃农。于是我们为维护我们的生存而设立了农民组合。对这些不管社会国家而只图私利的凶恶地主斗争，不是理所当然吗？

然而，台端为拥护地主的剥削而欲扑灭此一正当运动，却在我们头上施以狂暴的弹压啊……

如上情事系政府听从地主指使的明证，不但暴露了不明吾人运动为何，且欲扑灭吾人之运动，而将我们永远系于榨取的铁链上，甚至是欲残杀吾等无产阶级的阴谋。然而，对于如此阴谋弹压，吾人断难缄默，特此提出严重抗议。

1928 年 8 月 29 日，农民组合召开中央委员会，邀请刚从上海被遣返回台的台共领导人谢雪红列席会议。作为中央委员，陈昆仑参加了会议。会议商议将于 1928 年 12 月底举行农组第二次全岛代表大会，通过谢雪红关于加强青年部、妇女部工作，并设立救济部的建议，决议进行青年部、妇女部以及救济部的建立及扩展。1928 年 9 月底，简吉召集陈昆仑等农组中央委员开会，商议支持台共的有关问题。日后，简吉、赵港、陈德兴、陈昆仑等农民组合中央委员加入台共组织。

1928 年 12 月 30、31 日，农民组合全岛代表大会在台中市初音町乐舞台举行。12 月 30 日，下营支部负责人张行做本部情势报告时，被日警强令中止，由陈德兴、江赐金、简吉、陈昆仑、侯朝宗等 6 人相继上台接续演说，使报告终于完成。此次大会选举产生 16 名中央委员，10 名中央候补委员，陈昆仑和张玉兰分别当选为中央委员和中央候补委员。

日本殖民当局获知台共的影响力向农民组合渗透，为调查台共的活动线索，遂于 1929 年 2 月 12 日，以农民组合为主要对象进行大检举。陈昆仑在"二·一二"大检举中被捕。1929 年 2 月 28 日，日警以违反台湾出版规则为由，起诉农民组合重要成员简吉、杨春松、侯朝宗、陈德兴、陈昆仑等 13 人。日警档案将陈昆仑在"二·一二"大检举中被起诉后的处理结果记录在册：

陈昆仑，25 岁，住高雄州东石郡新园庄力社二六六番。第一审昭和四年（1929 年）八月二十日，禁锢一个月。控诉审昭和四年（1929 年）十二月二十日，禁锢十月，缓刑五年。

"二·一二"大检举使农民运动受到较大破坏，许多支部的活动一度沉寂。虽然如此，但农组屏东支部的活动仍然比较活跃，张玉兰在其中发挥了积极作用，尤其是屏东的青年部和妇女部工作成绩十分突出。据日警档案记载：

由于"二·一二"事件后的组织破坏，导致农民组合全面衰退，稍有继续活动的只有台南州的下营支部与高雄州的屏东支部二处而已……于再建运动的过程，依据组合的报告，青年部在昭和五年（一九三〇年）年底以前所组织人数为下营支部六十余名，屏东支部八十余名；妇女部则下营支部二十余名，屏东支部三十余名。

1930年8月，谢雪红组织成立台湾战线社。《台湾战线》刊物虽然未获日本殖民当局批准，但仍然坚持发行了四期。1930年10月25日，谢雪红以台湾战线社名义召集台湾各抗日团体集会，商议争取台湾言论出版自由，吴拱照、陈昆仑和张玉兰代表农民组合本部应邀参加会议。谢雪红主持会议，指出日本殖民当局对杂志和出版物的检阅和取缔是横暴的压迫，并提出组建"台湾言论出版自由争取联盟"，获得赞成。据日警档案记载：

> 昭和五年（一九三○年）十月二十五日于台北市日新町蓬莱阁，由台湾战线社、伍人社、洪水邦社联合召开有关台湾言论、出版自由争取恳谈会之会议，其出席者有台湾战线社的谢氏阿女、郭德金、陈焕圭；伍人报社的周合源、江森旺、蔡天来；洪水邦社的许明、黄白成枝、曾得志；而经邀请出席者如左。
>
> 文化协会台北支部，王叶得、织本多智雄、谢祈年、张道福；工友协助会，蔡水梅、陈炜煜；台北维新会，黄江连；工友总联盟，李友兰；文化协会本部，王敏川、郑明禄、吴石麟；台湾农民组合本部，吴拱照、陈昆仑、张玉兰；彰化总工会，施汗；其他有古屋贞雄，新闻记者等数名。由谢氏阿女任主席，参加者各就所属团体发行的杂志、出版物被检阅及取缔的实状提出报告，认为取缔检阅是横暴的压迫；谢氏阿女针对"台湾言论出版自由争取联盟"的组织咨问各出席者，并获得赞成。

1930年12月，在台共的组织下，文化协会、农民组合、工友协会联合举行全岛性巡回演讲活动，农民组合的演讲队由陈昆仑带队，辩才无阂的张玉兰成为农组演讲队的主力。《台湾新民报》曾报道张玉兰在这次巡回演讲中的出色表现：

> 1930年年底，张玉兰参加文化协会与农民组合的巡回演讲队跨海到澎湖会馆演讲，她是唯一的女性演讲员。她一登上讲台，全场观众便开始骚动了，玉兰毫不紧张与畏惧，反而以轻松挪揄的口气向观众问道："你们这种紧张与骚动究竟是出于想看女性演讲者的好奇心理呢，还是对女性演讲者表达特别的好意？"她坦然不凡的气度被时人誉为是"台湾妇女运动进展的表现"。

1930年11月20日、21日，农民组合扩大中央常任委员会在陈昆仑住所举行。会议提出举办特别研究会，决定召开第三次全岛代表大会，按照台共拟定的农民运动纲领开展活动。会后，农民组合透过台共在南部的负责人，向台共中央报告会议情况。在台共的指导下，农组于1931年1月1日在嘉义郡竹崎召开扩大中央委员会（简称"竹崎会议"），简吉、赵港、陈德兴、陈昆仑、张行等人出席会议。会议推选颜石吉为议长，姜林小为副议长，指定陈昆仑为书记长，陈结为书记，审议"支持台湾共产党"、"解散文化协会"、"组织反帝同盟"、"建立赤色救援会之组织"、"举行第三次大会"等十七项议案。其中第五项议案是关于召开第三次全岛大会的工作安排，据日警档案记载：

五、举行第三次大会案

决定于昭和六年（一九三一年）六月，于高雄州支部联合会辖区内举办。并决定下列事项：

大会干部：总指挥简吉，司仪陈昆仑，大会议长颜石吉，副议长姜林小，执行简氏娥、张氏玉兰。

农组计划在高雄举行第三次全岛代表大会，熟悉高雄农组工作的陈昆仑和张玉兰都参加了大会的筹备工作。为举办第三次全岛代表大会，农组拟制"打倒日本帝国主义"、"拥护苏维埃联邦"、"支持中国革命"、"台湾共产党万岁"等标语口号。老台共王万得在回忆录中指出，参加1931年台共组织活动的"简吉、黄石顺、陈昆仑、张玉兰等是农组的大干部、知识分子"。可见，农民组合的主要领导人几乎都参加了台共，农民组合成为台共的外围组织，农组所提出的醒目标语——"台湾共产党万岁"——亦显示农组与台共的密切关系。

1931年1月7日，台南州支部联合会会议推选张玉兰、姜林小等六人为第三次全岛代表大会出席议员。1931年1月22日，陈结、颜锦华召集曾文支部委员开会，张玉兰、陈文质以支部委员身份参加会议，全体通过"竹崎会议"的决议事项。其他各农组支部也纷纷通过"竹崎会议"的决议。关于"竹崎会议"决议的实施，农组中央共开了三次会议进行商议。第一次是1931年2月3日在凤山黄石顺宅召开的农组会议，这次会议还决定陈昆仑任庶务兼财政部长，驻守农组本部。第二次是1931年2月21日，亦在黄石顺住所召开。第三次是1931年4月7日在陈昆仑住所召开。陈昆仑亲历三次会议的全过程。日警档案对第三次会议的记录如下：

> 第三次系于昭和六年（一九三一年）四月七、八两日，在高雄州东港郡新园庄力社陈昆仑宅，该人与陈德兴、颜石吉、黄石顺、张氏玉兰、陈结会合，以中央常任委员会的形式召开正式会议，各地方负责人做了所担任的事务及地方情势的报告，首先因赵港在台北被捕而常任委员出缺，而决定晋升张氏玉兰为继任；以及因高联的工作需要，须增设常任委员一名，而决定以黄石顺为常任委员。

该会商议首季收成斗争案、救援金的募捐、机关报《农民战报》的发行、确保财政政策等事项。由于会议召开前不久，台共党员、农民组合领导人赵港被捕，因此会议针对此事件作出关于救援事宜的决议，并决定由张玉兰接替赵港的工作。

陈昆仑和张玉兰在农民运动中得到历练，成长为共产主义战士，共同为台湾抗日解放运动拼搏。

参加赤色救援会战斗到最后

1931年3月赵港被捕后，日本殖民当局逐渐展开对台共党员的全岛性搜索和检举。台湾共产党重要成员谢雪红、潘钦信、王万得等人相继被捕，台共组织遭到重大破坏，台共的外围组织农民组合和文化协会亦遭日本殖民当局严厉取缔。农民运动陷于困境，农组第三次全岛大会及其他活动难以实施，农组活动转入地下运动。

1931年8月9日，简吉召集尚未遭检举的农组和文协成员陈结、陈昆仑、张茂良、詹以昌、王敏川等人，在台中文化协会本部举行秘密会议，决定组建台湾赤色救援会，针对日本殖民当局对台湾共产党的检举而实施秘密救援。会议商议赤色救援会的具体方案，推举简吉、陈茂良、陈昆仑为中央事务负责人，并决定中部地方组织专员、台南地方组织专员、高雄地方组织专员和台北地方负责人名单，陈昆仑和张玉兰一起被选任为高雄地方组织专员，负责高雄的赤色救援会活动。会议还指出派人赴祖国大陆，与中国共产党和共产国际远东局联系，按其指令计划再建台共中央。会后，詹以昌向尚未被捕的台共中央委员苏新报告会议的决议。苏新对撤销文化协会、组织赤色救援会、组建台共临时中央等作出指示，由詹以昌、陈昆仑、简吉、陈结、张茂良和王敏川组成党临时中央。台共临时中央的活动，以台湾赤色救援会组织的活动为中心。

1931年9月4日，在台湾文化协会本部正式成立赤色救援会筹备委员会，陈昆仑以高雄地方组织专员的身份，向筹委会报告高雄工作进展，据日警档案记载：

陈昆仑说："八月十二日，在嘉义与李明德会面。他无条件赞成赤色救援会的组织，关于撤销文化协会，大体上也表赞成的意见，不过说要等整理支部员的意见后再提报告。同日，在高雄与吕和布、周渭然见面，询问其意见，他们也是无条件赞成。同日，我又到屏东见张氏玉兰及黄知母，他们也无异议。八月三十日，到台南拜访侯北海、李妈兜，他们反对撤销文协，至于赤色救援会组织也不想参加。"

　　在陈昆仑的领导下，张玉兰积极开展高雄州潮州和屏东的赤色救援秘密活动。据日警档案记载：

　　高雄州下的组织者吕和布、黄石顺、张氏玉兰在接到赤色救援会筹备委员会传达的指令后，约于九月十日左右于凤山支部事务所召集组合地方委员商讨组织的事。出席者有黄石顺、林春、卢丁春、吕和布、张氏玉兰、孙氏叶兰等人。协议的结果，高雄市内由吕和布指导，凤山地方由黄石顺指导，以林春、卢丁春为班委员着手组织工作。潮州、屏东方面则在张氏玉兰的指导下，以孙氏叶兰负责组织工作，着手于十二个班的组织。

　　1931年年底赤色救援会的秘密活动被日本殖民当局侦获，赤色救援会遭一连串检举，台共的一切组织和活动被全面肃清，赤色救援会、农民组合等台湾抗日团体的所有活动被迫中止。因"台共事件"，陈昆仑被判刑五年，张玉兰被判刑四年。

　　1936年张玉兰获释，1937年陈

张玉兰

141

昆仑出狱，两位昔日的战友终于结为革命伉俪。台湾光复后，陈昆仑和张玉兰参加台湾革命先烈事迹调查和遗族的救援活动。陈昆仑参加"二·二八"起义，1950年参加高雄州参议员选举，成为台湾光复后第一任民选市议长，1954年被国民党当局以"资匪"罪判刑6年。在台湾高雄，陈昆仑和张玉兰夫妇参加农民运动的光辉抗日经历被乡亲们广为传颂。

蔡惠如 为台湾殚智竭力

蔡惠如（1881—1929 年），男，字铁生，台湾台中人，祖籍福建。台湾著名商号"蔡源顺号"第二十代掌门人。1896 年任台中经营米谷会社社长，1908 年创立协和制糖会社，后被派为台中区长。参加栎社，创立鳌西诗社，与栎社成员成立台湾文社。任新民会副会长，台湾文化协会理事，发起成立上海台湾青年会。

1923 年 4 月 15 日,《台湾民报》在东京创刊,蔡惠如是该报创办者之一

蔡惠如出生于台湾清水望族，曾任台中区长。1918 年 10 月 19 日，蔡惠如喟叹汉文将垂绝于本岛，遂与同为栎社成员、雾峰林家的林献堂和林幼春在台中成立台湾文社，以维持汉文为宗旨，发行日据时代台湾第一份汉文杂志《台湾文艺丛志》。之后，蔡惠如辞去台中区长职务，变卖大部分家产，将事业中心迁往福建。蔡惠如是台湾"祖国派"代表人物，他希望台湾回到中国的怀抱，奔波于台湾、祖国大陆和东京之间，为台湾的民族解放运动殚智竭力。

东京：在五四运动影响下发起民族启蒙运动

1919 年五四运动爆发，这场轰轰烈烈的爱国运动，不仅对祖国大陆民众产生重要影响，其掀起的民族革命思潮，亦使处于日本殖民统治下之台湾民众产生强烈共鸣，唤起他们的民族意识。在五四运动的影响下，蔡惠如、林献堂等台湾菁英在日本东京团结台湾学生，推动为摆脱日本殖民统治的台湾民族主义启蒙运动。

1919 年秋，蔡惠如和彭华英、林呈禄、蔡培火等留日的台湾学生，与东京的中国基督教青年会成员马伯援（同盟会会员）、吴有容、刘木琳等人联络，取"同声相应"之意，成立声应会。这个由中国大陆留学生和台湾留学生共同组织的团体，曾在东京神田的中国基督教青年会馆举办讲演会，蔡惠如在会上用杂糅着闽南话的普通话（当时称为北京官话）发表演讲，他的表情非常沉痛，演说深切感人，聆听演讲会的叶荣钟先生五十年后忆起此幕情景，仍然记忆犹新。蔡惠如的祖国情怀对留日的台湾学生影响很大。他在日本的抗日活动，一开始就引起日警的警惕，据日警档案记载："当时，跟中国方面的思想团体保有密切的联络，且从事跟这些青年们指导的蔡惠如等人的思想，深刻地在支配着青年学生的意识，如研究中国语，或在年号上用中国年号，称中国为祖国，煽起排日空气等，朝向值得注意的倾向进行。"

1919 年年底，蔡惠如与林献堂等人在东京集合百余名台湾留学生，成立启发会，以推动民族主义的启蒙运动。该会成立不久，因种种原因解散。于是，在蔡惠如的提倡下，创立集东京台湾留学生之精英的新民会组织。1920 年 1 月 18 日，新民会在东京市澁谷蔡惠如的寓所成立，共推蔡惠如为初代会长。蔡惠如坚持会长之职唯有林献堂方能胜任，以林献堂来东京就任会长之前为条件（当时林献堂为台湾革命运动在台、日之间奔波，刚回台不久），暂时任临时会长。

蔡惠如奔放的热情和浪漫的气质对年青人颇有吸引力，当时他对旅日台湾留学生的影响力，远胜于林献堂。追随林献堂的叶荣钟先生参加声应会、启发会和新民会的活动，他认为蔡惠如为台湾的抗日运动而自愿屈居林献堂之后，其推让合作的风范令人顿生敬意。叶荣钟在回忆录中指出：

> 台湾的民族运动，并不是揭竿起义式的武力革命可以成功的，过去武装蜂起，屡试屡败，而且当时日人的力量是压倒一切的。运动方式只好退而求其次，用要求和交涉，所以领袖的人格、信誉必须是能够赢得对手的信心的人方能有济。第二，东京留学生仅是台湾人中的极少数部分，而运动必须是能够博得全台湾同胞的支持，才能够团结大多数的力量，用台湾全体大众做背景，去和对手周旋，才有效果可以期待。第三，这种运动是不能空口讲白话的，必须有雄厚的资力才能够持久，才能发生作用。以上各点，惠如先生自知远不如林献堂，所以他自愿以一个铺路人的身份来促进这个运动的进展，这是他的明智，也是他的伟大处。

新民会以专门学校以上的学生为主体，后来成为台湾反殖民统治的民族运动指导机关。蔡惠如等人制定新民会的章程，该会表面上"以考究台湾所有应予革新之事实，图谋文化之提高为目的"，实际是站在民族自决主义的立场，开展台湾人的民族启蒙运动，其具体行动目标为：一，为增进台湾人的幸福，进行台湾统治的改革运动（即推进六三法的撤废运动及台湾议会设置请愿运动）；二，为广为宣传吾人之主张，启发岛民，获得同志，发行机关杂志（《台湾青年》）；三，图谋联络中国人同志（由蔡惠如主持，派彭华英、林呈禄等人赴华，联络联共时代的中国国民党左右派人物，以便培养台湾的运动）。

新民会的月刊杂志《台湾青年》发刊，与蔡惠如的鼎力支持不无关联。当时《台湾青年》上千圆的发刊资金无着落，杂志的面世可能会延期，台湾学生们的士气亦会受影响。蔡惠如慨然捐款，解决杂志发刊的燃眉之急。1920 年 3 月 6 日，蔡惠如离开东京返祖国大陆之际，交给负责《台湾青年》的林呈禄 1500 圆，叮嘱用于《台湾青年》创刊费用，杂志必须发刊。当时，蔡惠如全心投入台湾抗日运动，家族生意八方碰壁，在经济窘境之下，他却几近倾家荡产地支持《台湾青年》的发刊。他未向任何人透露经济的捉襟见肘，反而以数目渺少引以为憾，以不能为同胞多出一点力而感到惭愧。足见蔡惠如对台湾抗日运动倾注的热情，以及他为人豪爽、有侠气的性格。

1920 年 7 月 16 日，新民会及台湾青年会（由参加新民会的台湾学生组成，推新民会于指导地位）的机关杂志《台湾青年》正式创刊，杂志社设在东京曲町区饭田町。《台湾青年》创刊号发行之先，曾发出趣意书：

各位！请看看那些内地人青年及中华民国青年们纯洁的理想，活泼的运动。他们一旦觉醒起来，便以时代的自觉，为世界，为邦家，灌注浑身的热血奋斗的情形，实在是令人欣美的。回顾我们岛民青年又如何呢？大家都还在沉默无言之中。清夜深自反省，难道心中不觉得有点忸怩吗？……诚可谓我岛的言论机关前所未有的急先锋……希望不把本杂志视为少数旅居东京青年的专有物，乃属我台湾青年全体面目的我们共有的机关杂志。

新民会会长林献堂在创刊号上发表祝词：

吾人之幸而不为禽兽，赖有先圣人之教化存焉，而先圣人之道，又赖文化载之以传。故曰汉学者，吾人文化之基础也。今有一二研究汉学之人，众莫不以守旧迂阔目之，是诚

可悲。夫岂有舍基础而能建楼阁者乎？今欲求新学若是之不
易，而旧学又自塞其渊源，如是欲求进步，其可得乎。

在东京创刊的《台湾青年》输入台湾，对台湾民众产生重要影响。日后，《台湾青年》发展成为台湾人唯一的日刊报纸台湾《新民报》。

身为新民会的主要负责人之一，蔡惠如每年均往东京参加新民会发起的台湾议会设置请愿运动。蒋渭水在回忆录中叙述，1923 年与蔡惠如等人赴东京请愿经历的一个细节：

民国十二年二月，和蔡惠如、蔡培火、陈逢源一同去东京请愿时，四人同住台湾民报社楼上，有一天，蔡惠如说："有些同志做事不能彻底……"说着说着悲怆而泪下。

蔡惠如反对日本殖民统治，极力主张开展台湾议会设置请愿运动，透过他对未能履行职责、"做事不能彻底"者的悲怆涕然，我们可以真切地感受到他对家乡台湾的赤诚之情。

祖国大陆：抗日活动得到台湾学生
和祖国大陆同胞响应

蔡惠如负责新民会与祖国大陆的联络，号召在祖国大陆的台籍志士参加抗日运动，发表抗日演讲，积极寻求祖国大陆同胞对台湾抗日运动的支持和援助，产生了较大社会影响。

1921 年 7 月，林呈禄、彭华英相继抵沪，在蔡惠如的带领下，他们在上海与中国国民党和朝鲜民族运动领导人秘密接触，参加反对殖民统治的民族运动共同战线。并与苏联领事馆有联系，竭力争取更多力量对台湾民族解放运动的支持。日警档案对当时他们三人在上海的活动记录如下：

他们与中国国民党干部及朝鲜人革命团体的关系，于是

益加紧密起来，并与这些团体联成共同战线，计划进行台湾独立运动；据传，一方面与朝鲜共产党员崔昌植、吕运亨、金万谦、姜汉记等人也有来往，曾接受由第三国际交来的运动资金；他们屡次出席中韩互助社的集会，作报告演说，揭举台湾统治的黑暗面有："愚民政策、残忍的革命审判，极端的差别待遇，横暴的榨取制度"……竭力唤起世人对台湾革命运动的舆论，煽动中国国民党的排日运动。

又自大正十年（1921年）七月左右起，屡次于上海大东旅舍，与在沪印度、朝鲜、菲律宾等地民族运动人士聚集开会，或列席太平洋和会、太平洋研究会等会议，商讨独立运动；对于战后欧洲的华府会议，则曾计划进行远东弱小民族独立请愿运动，并决议派遣代表前往。不过，此事卒未至实行，只对该会议提出有关援助独立的请愿书，传达民族自决运动的舆论，以及努力唤起注意而已。

1921年9月，上海"中韩互助社"（成立于1921年4月，朝鲜爱国志士在中国寻求支持，开展朝鲜的抗日救亡运动）曾邀请广州大理院院长徐谦出席茶话会，蔡惠如参加此次活动，并发表抨击日本殖民统治的演讲，希望祖国大陆同胞支持台湾的抗日运动。同年底，他赴东京协商新民会开展台湾议会设置请愿运动事宜后，转赴北京、天津、上海、广东等地，联系各地台湾学生，向他们介绍旅日台湾学生的抗日运动，并分发《台湾青年》杂志。蔡惠如在祖国大陆的台湾学生中极力发展民族运动，各地以启蒙启发为目的之台湾学生团体如雨后春笋般涌现。

在祖国大陆，蔡惠如受到改组后的中国国民党"联俄、联共、扶助农工"三大政策的影响，与共产主义者联络，逐渐受到共产主义运动的影响，并明确表达"台湾回归中国"的政治态度。由他发起成立的上海台湾青年会，就带有共产主义的思想倾向。1923 年 10 月 12 日，蔡惠如与彭华英（台湾最早的共产主义者）、许乃昌（1924 年被中共派往莫斯科学习）等集合旅沪台籍青年学生十余名，在上海东南大学集会，成立上海台湾青年会。该会表面上"谋会员互助之亲睦，研究中外文化"，但真正目的在于打倒日本帝国主义、推动台湾民族运动，并设置事务所于闸北宝山路振盛里九四八号。1924 年年初，上海台湾青年会会员增至 50 余人。上海台湾青年会创立以后，不仅开展反对日本殖民当局的活动，还积极参加祖国大陆的反帝爱国运动。例如1924 年 1 月，在上海务本英文专门学校召开"上海台湾人大会"，许乃昌、谢廉清、张我军等人发表演说，反对日本殖民当局于 1923 年12 月对台湾议会设置运动的检举，作出"吾人认为此次台湾当局拘禁台湾议会请愿者六十余名为不当"的决议文。1924 年 5 月 9 日，参加上海举行的国耻纪念日（1915 年 5 月 9 日，袁世凯与日本签订丧权辱国的"二十一条"，激起全国民众的反日运动，5 月 9 日被定为"国耻纪念日"）示威游行，并散发传单，呼吁祖国大陆同胞援助台湾抗日活动："我台湾被如狼似虎的日本帝国主义者所强夺，三百六十万的同胞正在遭受非人道的掠夺和压迫。然而现在台湾人已经觉醒了。要与诸位握手、团结，打倒共同的敌人日本帝国主义，诸位为了自由和独立，请从速帮助我们台湾人。"1924 年 6 月 17 日，在上海务本英文专门学校，举行反对台湾"始政纪念日"的活动，声讨日本对台湾的暴虐统治，并散发传单《勿忘台湾》数万份。1925 年 12 月 20 日，上海台湾青年会的左倾成员组建上海台湾学生联合会，继续反帝爱国活动，成为宣传共产主义的组织。

台湾：号召家乡父老反抗日本殖民统治

蔡惠如在台湾向父老乡亲介绍祖国大陆的情况，他认为台湾的问题，如果不是中国强盛起来，是没有法子解决的。他曾与林幼春共同负责台湾文化协会机关刊物《台湾民报》（1923年4月15日在东京创刊）在岛内的撰稿工作，他透过《台湾民报》宣传祖国意识，将台湾的民族解放运动与祖国大陆连在一起。

蔡惠如为反对日本殖民当局的台湾议会设置请愿运动呕心沥血。1923年12月16日，日本殖民当局以违反治安警察法之罪名，对台湾议会期成同盟会（推动台湾议会设置请愿运动团体）实行大检举与逮捕，60余人被捕，此谓"治警事件"。《台湾民报》对"治警事件"的报道，引起台湾民众的广泛关注。"治警事件"发生后，蔡惠如被判罪三个月。

1925年2月21日蔡惠如因"治警事件"入狱。蔡惠如由台湾清水乘火车赴台中入狱时，闻讯的台湾乡亲争相走告，并自发为他送行。据《台湾民报》报道：

> 蔡惠如、林幼春二氏，应属在台中刑务所受监，然幼春氏因病得延期受刑，蔡惠如氏独挺然于廿一日下午搭列车至台中驿，（在清水出发之际，沿途皆有停立奉送，至驿送者约二百名，送至沙鹿者二十余名，送至台中者三十余名）迨下车时台中无数同志，迎住握手，各叙其别忱，复有盛鸣爆竹以迎其至。警官随命其解散，然群众不胜为之惜别，而不肯分散，亦不忍分离，坚随其身边，自停车场前，直透新盛街以至锦町，人众络绎于道，有连呼声者，警部队将魏朝昌氏检束，其后放出。蔡氏先至台中病院访林幼春氏，乃向台中地方法院检察局。在法院前，民众多数似筑人垣，遂见警官无数奔到，更由警部命解散，蔡氏即赴检察局，其后方入刑务所。时见蔡氏绝无狼狈相，气色十分沉着，对人云："予自己觉悟，故无所恐怖。"

数百台湾乡亲声援并为蔡惠如送行，足见"治警事件"诸志士所推行的反抗日本殖民统治的台湾议会设置请愿运动，是受到当时台湾民众热烈支持和拥戴的。蔡惠如为众乡亲的举动深感欣慰，在狱中填词记录此幕情景，以表达自己的心境。蔡惠如作《意难忘》：

意难忘

（下狱之日，清水、台中人士见送，途将为塞，赋此鸣谢）

芳草连空，又千丝万缕。一路垂杨，牵愁离故里。壮气入樊笼，清水驿，满人丛，握别至台中。老辈青年齐见送，感慰无穷。

山高水远情还长，喜民心渐醒，痛苦何妨。松筠坚节操，铁石铸心肠。居虎口，自雍容，眠食亦如常，记得当年文信国，千古名扬。

十日后，与蔡惠如并肩战斗的好友林幼春入狱，蔡惠如填词表达对他的关怀，并勉励他对抗严酷的考验。蔡惠如作《金缕曲》：

金缕曲

（幼春住院养病，故迟我十日下狱，闻被当局道催促，不容宽缓，赋此解慰）

闻道君来矣，甚东风，咆哮似虎，骤吹车至。为想文园多病容，怎耐严寒天气，又要著，赭衣如纸。热血满腔堪抵抗，断烟霞，振作精神起。同缧绁，可能记。

虽云此是伤心地，看吾侪，卧薪尝胆，啸吟风雨。饱饭

胡麻祛百病，胜饮清水莲子。更细嚼、菜根风味。比似餐芝

能益寿，且安闲，料理千秋计。谁会得，英雄志。

蔡惠如在狱中写下"中原大地如春归，绿水青山待我还"等诗句，表达将台湾未来寄托于祖国强大的心愿。

蔡惠如为台湾的民族解放运动常年奔走，耗尽所有的精力，是他中年逝世的主要原因。1929 年 5 月 20 日，蔡惠如在台北病逝。受蔡惠如影响而投身台湾民族运动的同乡晚辈杨肇嘉，为这位给予他人生启迪的恩师筹备一切后事，通知所有的朋友。1929 年 6 月 1 日，与蔡惠如一起从事抗日运动的林献堂等二百余人，在清水参加蔡惠如的告别仪式。在告别仪式上，林献堂、蔡培火、杨肇嘉、蒋渭水、林呈禄、连雅堂、林瑞腾等撰文哀悼。连雅堂书挽联："是文字交，是道义友，廿五载患难相扶，落落尘寰君及我；与环境战，与命运争，四百万沉沦未度，茫茫苦海死犹生。"连雅堂道出蔡惠如为台湾的命运和前途而打拼一生，满怀对老友的敬重之情。台湾民众党送巨幅挽联："二十年奋斗无非为我同胞谋幸福，精神不死；百余日投牢乃是凭君侪辈作牺牲，浩气犹存。"在神户、东京、福州、上海等地的台湾青年发来唁电二百多封。简单而隆重的告别仪式，使参加抗日运动的台湾乡友们凝聚在一起，显示蔡惠如在台湾民众中极强的影响力和号召力。

蔡惠如为台湾的民族解放运动倾尽全力，变卖几乎所有家产，至死无怨无悔地完全付出，其博大胸襟和英雄气质令人敬佩。他对台湾命运和前途进行了深刻思考，提出"台湾回归中国"，并为之而奋斗终生。蔡惠如深厚的祖国情怀和故乡情愫，使海峡两岸同胞产生强烈共鸣。

王正南 台湾义勇队的抗日老兵

王正南（1926—），男，后更名林云，台湾台南人，祖籍福建晋江。1939年参加台湾少年团。1944年加入中共。台湾光复后返台从事中共地下工作。1947年参加"二·二八"，起义失败后撤离台湾赴沪，后在鄂豫二分区政治部、司令部工作，在华北军政大学任教。新中国成立后，任台盟总部特派员、台盟驻京办事处主任、台盟华北总支部代主任委员，台盟第四届中央委员会常委，台盟第二届中央评议委员会委员，全国台胞联盟会理事。

王正南13岁追随李友邦将军，成为台湾义勇队少年团的一名抗日战士。他在祖国的抗战烽火中加入中国共产党。台湾光复后，随台湾义勇队返台，从事中共地下工作。1949年新中国即将成立之际，王正南以台湾队代表身份向毛主席和朱总司令献旗，向新中国献上台湾同胞的衷心祝福。

在台湾的成长经历

1926年，王正南出身于台南一个普通教员家庭，一家八口人仅靠父亲一人的工资生活。当时的台南是台湾一个现代化的都市，年幼的王正南深知他看到的高楼大厦和汽车电灯离他很遥远，并不是他的家庭所能享有的，王正南在《幼年学校生活的回忆》一文中写道：

> 我是生在台湾，成长在台湾（在有名的台南市城里），所以可以常常的看到小自动车，大自动车（就是大小汽车）。光亮的电灯，高大的洋房，光滑的柏油马路……可是这仅能看看而已，至于享受，那却是别人的事情了。
>
> 我们父亲，那时是一个教员，一家共有八个人，全要靠父亲一个人来维持生活，所以，我的生活是不会很好的。

王正南刚读小学时，一个人放学回家，常常莫名其妙地被一群日本小学生暴打，他对此十分愤恨。后来，他看见日本学生和台湾学生在放学路上互相掷石子，就跑回学校叫去更多的台湾同学参战。学校的日籍教师对台湾学生十分粗暴，令王正南深感痛苦。日籍学生和日籍教师对台湾学生的欺侮，激起王正南的反抗意识和仇恨。身为教师的父亲，向开始懂事的王正南讲述台湾被日本殖民统治的历史，加深了他对日本殖民者的仇恨。1941 年王正南回忆：

1982 年 12 月，全国人大常委廖承志亲切会见原台盟总部驻京办主任林云同志（左）

154

学校里，上课有两种先生，一种是台湾人，一种是东洋人，遇到台湾老师时，对我们总是很和气，日本人上课时，总是凶狠狠的。有一点做得不好，就要打我们，我也常常受到打和皮鞋踢，真是忍不下这种痛苦。慢慢的，父亲告诉了我更多的事情，我也就知道的更多了，加深了我对他们的仇恨，一直到现在，我还在恨着！

参加台湾少年团

1936 年，因不满日本殖民奴役，王逸客（王正南的父亲）参加反抗殖民统治的活动，被殖民当局通缉，遂举家迁往福建，在祖居地福建省晋江县金井镇落户。1938 年，得知黄埔二期生李友邦筹建台胞抗日队伍——台湾义勇队的消息后，王逸客积极响应，参加筹建工作，并携四个孩子参加这支抗日队伍。王逸客为孩子们起了四个新名字，分别叫王正东、王正西、王正南、王正北，冀望子女们志在四方。1939 年 2 月 19 日，在李友邦的安排下，第一批台胞 22 人（包括 6 名少年儿童）由福建崇安出发赴浙江金华，王正南和二哥王正西就在这群台胞中，他们成为李友邦将军组织的抗日队伍的第一批成员。其后不久，父亲王逸客和大哥王正东、小妹王正北也进入台湾义勇队，成为这支抗日队伍的第二批成员。王正南和妹妹王正北因年幼，被安排在台湾义勇队少年团。

1939 年 2 月 22 日，台湾义勇队在金华酒坊巷 18 号（台湾独立革命党总部）正式成立。李友邦任台湾义勇队队长兼台湾少年团团长，中共党员张一之任秘书。李友邦先后被军委会政治部任命为台湾义勇（总）队少将队长、中将总队长。在台湾义勇队成立会上，李友邦将印有"少年时代"四字的锦旗，交到年仅 13 岁的台湾少年团小队长王正南手上。少年团刚成立时，只有 6 个团员，不久，就增加到 16 人，最大的 14 岁，最小的 8 岁。

1939 年 3 月 1 日，在金华为台湾义勇队举办的招待会上，小队长王正南代表台湾少年团，对各界人士给予的关心和帮助表示谢意。他机智聪颖、活泼开朗，会流利的普通话，吸引了许多记者的注意。《东南日报》报道了王正南在这次招待会上的表现：

> 他（王正南）口操流利国语，劈头就以清脆明朗的音调开始讲话："现在能到这里来参加抗战，能够得到许多新的知识和教训，是多么快活，是多么感动！"

> 活泼的小台胞，给人的印象是太可爱了，尤其是使我满腔充溢期望的那位小代表，常惹得我在每感到疲乏的时候，就想找他谈话。就在招待会的次晨，我打趣似的问他："昨晚你不是说，能参加祖国抗战，是十分快活吗，那么，你能替祖国做点啥事情那，正南，你讲讲看！"

> "替祖国，能！我们会演戏，也能讲日本话，能作对敌宣传，我们也曾在福建捐献过 10 多次'献金'，虽然钱是很少，每回只出两角，但我们的力量也仅有这一点。"

> "你刚才不是在唱，要去挖战壕吗，你真的会挖吗？"

> "现在不会将来会，现在不会，也可以鼓励能挖的人去挖，我们小朋友也有能做的事。"

王正南和妹妹王正北在台湾义勇队刊物《台湾先锋》上的自我介绍，表达了他们兄妹小小年纪就立志参加祖国抗战的心情：

> 我叫王正南，今年十五岁，是台湾台南人，我因为瘦得像木头，所以大家就叫我"匹诺曹"（木偶）。台湾少年团一成立，我就参加了，现在我是这一小队的小队长，因为这个团体是反对日本帝国主义，要解放我们的同胞的，所以我希

望每个台湾的小朋友都能来参加，一起反抗敌人，不要受敌人的利用。

我叫王正北，生长在台湾台南，七岁时和我父亲、母亲、哥哥一同回到中国来读书，我是一个女孩子，今年已有十一岁了。我不喜欢在小学校里念死书，一点趣味也没有，就来参加台湾少年团，这儿是读活书的，我要不断的进步，好解放我们台湾的妇女。

王正北在《台湾人的痛苦》一文中写道：

我们听到台湾独立革命党领袖李友邦先生，在金华成立一个台湾义勇队及台湾少年团，来帮助祖国抗战，一致打倒日本小鬼。这是我们最高兴的，因为只有把日本鬼赶出去后，我们才能够建立个新台湾，过快乐的生活。

从王正南兄妹在抗日战斗中写下的文字，可窥见他们炽热的祖国情怀和澎湃的抗日斗志。李友邦将军组织台湾少年团的初衷，就是希望台湾少年儿童辗转于祖国抗日战场，以祖国的原野为他们的课堂，以祖国抗战的英勇事迹为他们的课本，培育他们热爱祖国的情怀，锻炼他们顽强的革命斗志。此外，李友邦将军还为他们开设了文化、政治、史地、军训等课程，并从桂林购买了500多本课外读物和专业书籍，《丹娘》、《铁流》、《虹》、《钢铁是怎样炼成的》、《静静的顿河》、《安徒生童话》等书籍特别受王正南和小伙伴们的青睐。台湾少年团有歌咏、舞蹈、戏剧、绘画四个业务小组，他们主要在金华城乡、浙东前哨、赣北皖南及闽南沿海开展抗日宣传活动。李友邦将军对这群台湾小兵寄予厚望，希望他们将来成为台湾革命的后继者。在李友邦将军的鼓励和教导下，王正南和小伙伴们逐渐成长为优秀的抗日战士。

1940年2月，台湾少年团从金华赴诸暨前线慰问抗日将士。在诸暨召开的欢迎会上，王正南等台湾小兵向祖国同胞讲述处于日本殖民统治下之台湾民众的痛苦，感动了在场的所有人，使大家对远在台湾的同胞充满同情，对这群投身于祖国抗战的台湾小兵充满敬意和关怀。在诸暨，小队长王正南不仅带领团员们出色完成演出任务，他还积极参与对敌宣传工作。王正南与日俘梅本源一用日语交谈，对他进行反战宣传。当日俘得知王正南和他的团队是一群台湾少年儿童后，既感惊奇又觉惭愧，主动表示愿和台湾人民合作，愿意参加反战同盟。一年后，少年团奉命再赴诸暨时，这里刚遭遇日寇蹂躏。王正南看到许多房屋被烧毁，无数伤兵难民，还有刚从死亡边缘爬出来的和他一般大小的孤儿，心里十分难过。一年前的热闹街景与此时被日寇铁蹄践踏的惨状形成鲜明对照，使王正南颇多感慨，他知道抗日战争之艰巨。

中央社、《新华日报》、《前线日报》和《东南日报》等新闻社和报社纷纷将台湾少年团作为焦点，台湾小兵们的爱国抗日行为广受海内外赞誉。1940 年 5 月，爱国华侨陈嘉庚组织的"南洋华侨筹赈会回国慰问团"第二分团抵达金华，慰问台湾义勇队和台湾少年团。王正南等台湾小兵给慰问团留下了深刻印象，慰问团赠送他们每人一支钢笔，鼓励他们"好好学习，努力抗敌！"慰问团的团长陈忠懿感慨道：

> 台湾同胞是富于革命性的，是不甘愿做亡国奴的，不愧是郑成功的好后裔。各位在祖国组织义勇队和少年团，举起保卫祖国的抗日旗帜，艰苦斗争，尤其是连这样小小年纪的小同胞也参加这样伟大的抗日斗争，实在使我们感动和钦佩！

1940 年六七月间，指导员黄志义、李炜（中共党员，义勇队秘书张一之夫人）带领少年团全部团员 20 余人到崇安慰问演出，宣传抗日救国与台湾革命的意义。演出活动结束后，团员们浏览武夷山。王正南和伙伴们带着朱砂和排笔，在武夷山苍屏峰的岩壁上写下"打倒日寇，保我中华"的巨幅抗日标语，表达他们的抗日意志和爱国激情。

如今，这幅抗日标语已作为革命遗迹保存起来。1992年9月，鬓发斑白的王正南重游武夷故地，看到当年与战友们刷写的这幅镌刻岩上的标语，颇多感慨。这位抗日老兵怀着对战友的崇敬心情，亲手把这幅记录抗日战斗痕迹的刻石刷洗得焕然一新。

与电影队在一起的日子

1941年3月，台湾少年团与第三战区政治部电影放映一队，在少年团指导员黄志义和放映队队长何蜀英的带领下，赴诸暨、绍兴、余姚等地为抗日将士做慰问演出。四十天的演出结束后，何蜀英以《工作在浙东前哨的台湾少年团》为题，记录他与王正南等台湾小兵的抗日宣传经历。何蜀英这样描写他与台湾小兵初次见面的感动：

> 我参加台湾少年团的集体生活，是在今年三月十日在金华车站暴风雨后的夜里。当我被雨湿透全身，爬进车箱的时候，他们已经缩着打困了。一阵惊扰之后，狂热的向我欢呼起来，赶快接过我手里的东西，取下我湿了的帽子。接着，就是暖烘烘的柔嫩小手，和我一一地相握，是那样地天真活泼可爱……比起成人队伍，完全是两幅不同的画面。我这被磨炼得快要枯萎的心，好像被洒上初生的露滴。

> 他们是十岁到十五岁的七个小朋友——小队长王正南，团员徐光、黄月华、李广、曾玉芳、朱倬、黄国俊，和一个不过十八岁的指导员黄志义……

台湾少年团赴前线慰问演出，每到一处，他们都会留下许多抗日标语。何蜀英记录了台湾小兵写标语的细节：

> 他们（台湾少年团团员）选好适当的墙壁后，第一步便去借扶梯，在说明意图后，民众主动帮他们抬去安好，写标

语多半是三人一组：一人打底线，两人填颜色，或描边，很科学的，一点时间也不浪费的分工合作，嘴里哼着曲子……

标语是大的美术字体，行人很惊讶，围观的人逐渐的加多，他们看见观众不少，便抽出一个人来宣传，就反站在扶梯上，那样和气的问着土人家乡的事，先是问答，后来便讲演起日本统治台湾的事和抗日的大道理来，听众十分感佩！

1941 年 3 月 27 日，第三战区某军军部安排台湾少年团在广播电台作抗日形势宣传，让少年团队长王正南、团员黄月华和放映队队长何蜀英分别用日语、闽南语和国语演讲。王正南和黄月华没有无线电广播经验，这次演讲节目是代表台湾少年团，他们担心完不成任务，有些犹豫。在指导员黄志义的鼓励和开导下，他们接受了这个特殊任务。据黄月华回忆：

黄大哥对我们说："能参加播音任务很好，广播出来的话，全中国都听得见，台湾的乡亲也都能听见。难道你们不想念台湾吗？工作决议你们不接受吗？这是工作也是学习，要勇敢的担任起来，不要胆怯。"

晚上 7 点，播音准时开始。队长王正南负责用日语播讲《中日台韩人民联合起来打倒日本军阀!》，团员黄月华负责用闽南语播讲《台湾同胞团结起来》，最后由放映队队长何蜀英用国语对沦陷区的同胞播讲《怎样才能建立独立自由幸福的新中国》。这次播音时间约四十分钟，演讲很有感染力，受到大家较高的评价。

与吴老伯一家的故事

在这次与电影队共同开展抗日宣传的工作中，王正南在宁波认识了一位来自福建的卖炒货的吴老伯，与吴老伯一家结下了深厚感情。

王正南在《真正爱国的人——记宁波吴老伯伯》一文中写道：

  吴老伯又继续说："我是福建人，到这边来已经很久了，这次能看到我们这样有纪律，又和气的爱国军人，我是多么的高兴啊！"

  这时伙食员介绍了我，老板一听是台湾，连忙就握紧我的小手说："我们是同乡呀！"我也像看见亲人一样的感动，我们就不断地谈起话来。他的脸红红的，好像有眼泪，我也几乎激奋得要哭起来了。

  过了好一会，我的头痛起来了，便告诉了伙食员，这事马上就被老板娘知道了，她跑到楼上，拿了头痛膏给我贴在太阳穴上，她很像我那个还留在台湾的爱我的婶婶。

  ……

  我们今晚受了吴老伯伯热忱招待，我们是多么欢喜和惭愧啊！于是就拿出五块钱送给他，表示谢谢他的意思，可是他却又拿出二十块钱给我们，说我们小朋友很辛苦。又说了许多鼓励我们的话。

  我们要走的时候，吴老伯伯对我们说："你们为了工作跑了这样多的路，吃了许多的苦，我们这帮帮小忙是应该的，帮助你们的一份力量，也就是等于帮助国家的一份力量呀！"

这位福建的吴老伯知道王正南是台湾人后，亲切地称他为同乡（台湾沦陷以前，归福建省管辖）。吴老伯对这群小小年纪就参加抗日战斗的台湾少年十分钦佩，并竭尽所能帮助他们。吴老伯一家对王正南的关怀和照顾，令王正南感到十分温暖。后来，王正南在吴老伯家附近写抗日标语时，特别想抽工作间隙去看望吴老伯，但一想到上次在吴老伯家受到的热情款待，他怕再给吴老伯添麻烦而不得不作罢。

特殊的中秋晚会

1941年中秋，义勇队和少年团在金华举行了一个特殊的中秋晚会。每逢佳节倍思乡，中秋之夜，这群奋战在祖国抗日战场的台湾同胞思念家乡的亲人。团员黄国俊在日记上记录了李友邦将军在中秋晚会上的讲话：

李队长说：去年中秋节我说明年我们要到杭州去看三个月亮，今年却仍旧在这个地方，日本鬼子还没有赶走，这就说明我们今后更应努力才行。

李友邦将军希望大家更加努力地开展抗日宣传工作，只有祖国抗战胜利，才能把日寇赶出台湾，引起所有队员的共鸣。接下来是文艺表演，李友邦将军也出了一个节目，他学着孩子们的样子，边唱边跳，使晚会的气氛热烈起来。黄国俊在日记中写道：

我们请李队长来一个节目，李队长表演的是一个小学生的歌曲，边唱边演，和小孩子表演的一样，大家都笑得透不过气来。

这个中秋晚会的文艺节目十分丰富，有吹口琴的、演话剧的、唱歌的、跳舞的、讲相声的、说快板的……好不热闹。在家乡台湾，由于日本殖民当局实行奴化教育，每遇中国传统节日，他们只能偷偷地在家里庆祝。他们在台湾从未过一个"像样"的中秋节。王正南渴盼抗日战争的胜利早一天到来，那时候所有台湾人都可以过上快乐的中秋节了。

追随中国共产党

1942 年秋，台湾少年团团员增至 90 余人，王正南任少年团团长，时年 16 岁。1944 年，王正南在台湾义勇队驻地福建龙岩加入中国共产党，成为义勇队中共特别支部的一员。台湾光复初期，王正南随台湾义勇队返回台湾，在台南、台中任中学教员并从事中共台湾省工委的地下工作。1946 年年初，台湾地下党领导人张志中向老台共谢雪红介绍李友邦的倾共政治背景时，特意说明台湾义勇队的王正南、张峰等队员的中共身份。1947 年王正南参加"二·二八"，起义失败后撤离台湾赴上海。在上海，王正南与组织取得联系，在中共党员、旅沪台湾同乡会会长李伟光的帮助下，与中共台籍党员吴克泰、陈炳基等人暂住台湾同乡会，后与撤离台湾的谢雪红等人会面。据王正南回忆：

> 1947 年五六月间，谢雪红、杨克煌、周明三人从台湾逃到上海，组织上准备送他们去山东解放区，临走之前，组织上安排他们先到台湾同乡会住宿，吴克泰、陈炳基、周青和我 4 人，当时也暂住在武进路台湾同乡会，所以他们一来，我们都见了面，大家一起聚谈。

以后，王正南先后在鄂豫二分区政治部、司令部工作，在华北军政大学学习和任教。在台盟领导人谢雪红的推荐下，1949 年 9 月 30 日，王正南、林东海等人以第三野战军台湾队（华北军政大学台湾队）代表身份，在全国政协第一届全体会议的闭幕式上，向毛主席、朱总司令献旗。王正南作为第三野战军台湾队的文化教员，代表献旗小组在会上致辞，他在新中国即将诞生之际，向领袖表达对祖国和家乡的热爱和忠诚，并向新中国献上台湾同胞的衷心祝福。1951 年，王正南

1949年9月，在中国人民政治协商会议第一次全体会上，林云（即王正南，左二致辞者）代表华北军政大学台湾队向毛主席献旗，并表达台湾同胞誓为解放台湾，解放全中国的决心

加入台盟，并任台盟总部特派员、台盟驻京办事处主任、台盟华北总支部代主任委员等职，代表台盟在北京参加民主党派的政治活动。当时有许多从国外归来的台胞，他们刚刚回国，对国内的情况不适应，王正南对他们的工作和生活十分关心。至今，许多老台胞忆起王正南在那段时期给予他们的帮助，感激之情溢于言表。抗美援朝战争开始后，王正南代表台盟两次参加中国人民赴朝鲜慰问团。王正南参加了新中国的建设，为海峡两岸和平统一奔波。这位在烽火岁月里成长起来的抗日老兵，追随中国共产党，将自己的青春和热情献给新中国，诠释了他爱国爱乡的炽热情怀。

杨美华 台湾女儿的祖国情怀

杨美华（1924－），女，台湾高雄人。1941 年高雄女中毕业，考入日本女子牙科医学院。1945 年 2 月离开东京赴祖国大陆，同年 6 月与山东八路军联系，8 月入渤海军区三分区野战医院，后调至渤海军区三分区敌工科，担任日语翻译，参加八路军与日军谈判工作。新中国成立后，致力于祖国统一大业。

杨美华

1945 年，在日本求学的医科女生杨美华，怀着对祖国母亲的特殊感情——"只要能踏上祖国的土地为祖国母亲尽微薄之力，就是死了也心甘情愿"——参加八路军。这是她人生中最光辉的一段经历，她说："我只赶上了伟大抗日战争的'尾声'，但作为一个台湾妇女，我能够以八路军战士的身份参加这场抗日战争，非常自豪。"杨美华认为只有祖国强大，台湾才有出路。

萌生抗日意识和祖国情怀

杨美华出身于知识分子家庭，父亲是台湾一位土木建筑技师，母亲是一名助产士。杨美华是长女，家中兄弟姊妹共七人。她从小在"清国奴"的骂声中长大，中学时代的一段经历，让杨美华对台湾人被歧视和侮辱的现实有更加深刻的认识。杨美华回忆：

> 有一件事对我的思想刺激很大。小学毕业后，我以优异成绩考入了高雄州立高等女子学校。这是一所专为日本人办的官立女子中学，台湾学生很少。在校期间，由于我学习成绩突出，同学们选我当级长（班主席），但被学校当局否定了，理由是我为台湾人，没有这个资格！我感到屈辱气愤！同样是人，为什么台湾人比日本人低一等？

在高雄女中读书期间，杨美华两次被同学推选为级长，均被校方以台湾人没有资格为由予以否定。此事对杨美华的影响颇大，她深深体会到台湾人被视为"二等国民"的屈辱，激发她的民族义愤，使她产生明确的反抗意识。

1941年春，从高雄女中毕业后，杨美华赴日本东京求学，考入日本女子牙科医学院。在日本，杨美华常和同学一起探讨台湾的前途和命运，思考人生价值。她接触到孙中山思想，阅读郭沫若的《北伐途次》、矢内原忠雄的《帝国主义下的台湾》等书籍，对她的思想产生了影响。杨美华回忆：

> 那时我住在离"原宿"车站不远的一个教堂里，除非信徒做礼拜，平时没有什么人来。同学们都爱到我这里聚会。我们经常在一起讨论"台湾向何处去"以及人生的价值问题。除了看一些哲学方面的书籍外，有的同学还秘密地找些书给

我看，其中大部分是当时的禁书，比如孙中山的《三民主义》、郭沫若的《北伐途次》、倍倍尔的《妇女论》以及小说《女兵》等等。其中东京帝国大学教授矢内原忠雄所著《帝国主义下的台湾》一书对我的思想影响最大。这本书列举了大量统计数字，从历史上透彻地分析了日本帝国主义掠夺台湾的事实，很有说服力。当时我还听过他的一次演讲。在这一次演讲中，他明确表示反对日本侵略"满州"，他说，"这将使日本人的鲜血白白地流在异国的土地上"。一伙右翼分子当场破口大骂："你这个混蛋，你还算是个日本人？"由于右翼分子的捣乱，演讲会中途停止了。历史的事实证明矢内原教授的话是正确的。我很敬佩他，做为一个日本人，在那种形势和环境中，不顾个人的安危，追求正义，追求真理，说出一般人不敢说的话……我是一个中国人，难道就不能为中华民族的独立和自由，做一番斗争吗？我的思想逐渐明确了：打倒日本帝国主义，使中国富强起来，这是台湾人摆脱"二等国民"遭遇的唯一出路。我决心要回到祖国去参加抗日救国斗争。

杨美华接触祖国大陆的革命书籍，祖国情怀油然而生。日本反战人士矢内原忠雄理智而冷静地指出日本掠夺台湾、侵略中国的事实，批判日本对华战争，使杨美华产生共鸣。杨美华关注中日战争，牵挂祖国大陆，她清醒地认识到，只有中国强大，台湾才有出路。1945年2月，杨美华毅然决定放弃学业，奔赴祖国大陆的抗日战场。杨美华回忆：

一九四五年二月，我离开东京启程回国，同学们给我送行时，有的佩服我，有的说我盲目冒险；还有的劝我，"还差半年就毕业了，不如继续留在日本，等战争结束后回台湾，同样可以报效国家"。同学们的劝阻都没改变我的决心。我想，我是中国人，连中国话都不会说，祖国是什么样子也没见过，只要能踏上祖国的土地为祖国母亲尽微薄之力，就是死了也心甘情愿。

对于杨美华的大胆决定，有的同学不理解，认为她太盲目冒险；有的同学劝她继续学业，战争结束后仍然可以报效祖国。杨美华作出这个决定并不是一时冲动，是经过深思熟虑的。当时她的父亲已过世，全家八口人靠母亲一人的收入维持生计，家境十分艰难。半年后，她医科毕业，将成为令人羡慕的牙科医生，有丰厚的收入，可以替母亲分担家庭重任。她放弃即将拿到的学位，意味着她不顾母亲扔下兄弟姊妹，况且，从东京到祖国大陆的路途艰难而危险，能否活着抵达祖国尚是未知数。杨美华考虑过这些现实问题，但是相较于强烈的报国愿望，这些都微不足道。杨美华愿意为从未谋面的祖国奉献自己的一切，她炽热的爱国情怀令人感慨系之。

加入八路军的抗日队伍

杨美华在海上历经波折，一周后终于抵达山东，在日本人开办的华北轻金属公司下属南定铝厂医务室工作。既然她满怀报国之志，为何会在日本人的工厂落脚？当时台湾是日本殖民地，台湾人属于日本国籍，必须持日本护照才能到祖国大陆。杨美华是利用日本人办的华北轻金属公司在东京招聘技术人员的机会，报名应聘，办妥回祖国大陆的繁琐手续。

在南定铝厂，杨美华向工友们学中文，并打听到八路军的抗日队伍一直坚守在这个日军占领区周围。杨美华急切地想与八路军取得联系。1945 年 6 月，她通过工友与八路军派来的人见面。杨美华回忆：

来到工厂以后，我了解到虽然工厂内外戒备森严，但工厂周围都是八路军的游击区。不久我和他们取得了联系。一九四五年六月的一天，八路军的一位地下工作人员，冒着生命危险同我见了面。这是一位三十来岁的青年，着一身工人装，没有什么特殊的地方，但思想敏锐，很有见地。他简要分析了国际国内形势和工厂周围的情况，表示欢迎我参加抗日活动，并告诉我等到时机成熟时安排我到解放区去。我和他虽然是第一次见面，但觉得十分亲切。我终于找到了抗日的队伍，回到了母亲的怀抱。从这以后，我一方面设法了解工厂里日本人的活动，为抗日做工作，另一方面积极学习中国话，做中国衣服，为奔赴解放区做准备。

杨美华希望参加抗日战斗的想法得到八路军的支持和鼓励，她按照八路军的要求，利用自己台湾人的特殊身份，主动与日本人接触，向八路军提供日本人的活动情报。

1945 年 8 月 15 日，杨美华从收音机里得知日本投降的消息，激动而兴奋，她的第一反应是：中国抗战胜利，台湾人终于可以摆脱亡国奴的身份！随后，在八路军的帮助下，杨美华顺利到达解放区，在渤海军区三分区野战医院工作。虽然日本已经战败，但是当时日军拒绝向八路军缴械，仍然占据胶济沿线各据点。八

杨美华

路军开展对日军的宣传工作，前线需要日语翻译，精通日语的杨美华被调到渤海军区三分区敌工科，奔赴临淄抗日前线。杨美华在抗日前线接受的第一个翻译任务，就是八路军与胶济线辛店车站据点日军的谈判。杨美华回忆：

> 按事先的约定，谈判在离辛店火车站日军据点约200米远的一个墓地里进行。这是日军从据点打枪射程之内的地方。敌工科郭祝平科长以渤海军区杨国夫司令员的秘书身份出面。杨司令员是一位很有威望的将领，渤海一带的日军头目，好多都是他的手下败将，日军很怕他。

> 谈判是在夜间进行的。郭科长把部队隐蔽布置好后就示意反战同盟的日本同志喊话，说明渤海军区派人来了，要求日军出来谈判。日军出来的是副队长，经我给双方介绍后开始了谈判。我方代表开门见山地说，来时杨司令员说，你们仓库里的枪支弹药，八路军都不要，要求你们早日缴械投降，八路军向来有优待俘虏的政策，缴枪不杀，将你们送到青岛乘船回国，早日与家人团聚。副队长知道来人是杨司令员的秘书，有些紧张，整个谈判过程，一口一个"阁下"地称呼着，很恭敬。但他表示，不向八路军缴械投降是上级的命令，如违反命令，即使回国了也会受到军法处置。夜深了，大家在野外，护送我们去的部队战士一直趴在野地上。郭科长表示需要请示上级，约定下次继续谈，这次谈判就结束了。

几天后，杨美华参加第二次谈判，随郭祝平科长率领的一个排进入全副武装的日军据点。八路军代表向日方代表转达渤海军区杨国夫司令的要求："当八路军解决辛店街里的伪军时，要求日军不得放一枪一炮，不得支援伪军。"日方表示这个要求能够做到。随后八路军攻打辛店街里的伪军据点，顺利解决伪军一个团，辛店火车站据点的日军遵守承诺，没有对伪军实施任何援助。

杨美华担任战地翻译，负责八路军与日军的沟通，夜间经常在前线活动。一次，八路军去日军据点执行任务后已是午夜，于是在一卖棺材的人家借宿，由于找不到其他住处，只好安排杨美华睡棺材。在艰苦而危险的工作环境中，杨美华得到历练，逐渐成长为一名勇敢的八路军女战士。

日军缴械投降后，杨美华参与护送放下武器的日军官兵和平民的工作。杨美华回忆：

> 日本侵略者在侵华战争中，对中国人民犯下了不可饶恕的罪行，中国老百姓恨透了日本人。当时胶济路不通车，放下武器的日军官兵和平民都步行到青岛乘船回国，路上经常有人袭击他们。八路军出于人道主义，派出部队，在铁路沿线设接待站护送他们。我作为翻译参加了这些工作。
>
> 领导同志向他们讲解国际形势，讲日本战败的原因，号召他们回国后，为日本的民主化，为中日两国不再战，为使日本不重走军国主义老路贡献力量。
>
> 这些工作使日军官兵深受感动，临别时，许多人握着工作队员的手，表示痛心和悔过。时间过去了半个世纪，回忆起来，当时的情景仍历历在目。

五十年后，杨美华仍然对以八路军的身份参加抗日战争的经历记忆犹新。这是她人生道路的一个重要选择，对她的政治信仰和人生理想产生了重要影响。

永远留在祖国大陆

抗战胜利，台湾光复后，杨美华没有回家乡台湾，她留在祖国大陆，留在共产党的部队，并见证新中国的成立。

1985 年 6 月，杨美华以北京国际关系学院日语教师的身份，随赴日教育考察团访问日本高等院校。回国后，杨美华写下此行的感想：

> 今年六月，我参加赴日教育考察团，访问了东京外国语大学、大阪外国语大学、早稻田大学以及日中学院等好几所日本著名大学，所到之处，都受到极其热情的接待，深感中日友好形势大好。四十年前，我们向日本人民心灵里撒下的和平种子开花结果了，我感到由衷地高兴。日本是我的第二故乡，日本有许许多多我难以忘怀的朋友，我十分赞成中日两国一衣带水的邻邦世世代代友好下去，为建筑人类共有的灿烂未来作出贡献。
>
> 这次访问日本，我还见到许多侨居日本的台湾同学。四十年不见了，见到她们倍感亲切。她们告诉我，抗日战争胜利后，去日本留学的台湾学生一批批返回家乡，我母亲每一次都到火车站去接我，盼我归来，望眼欲穿。现在母亲去世十多年了，我多么想回家乡去为她老人家扫墓，见见家乡的亲人啊！由于人为的原因，海峡两岸至今不能自由来往，亲人隔海相望而不能团聚，真是人生的遗憾！我赞成以一国两制的方式尽快实现国家的统一。我希望有机会能和昔日的同窗好友、家乡的父老兄弟欢聚一堂，再就祖国的前途和台湾的命运进行讨论，我盼望有一天，我能踏上台湾家乡的土地，喊一声"母亲，您的孩子回来了"！

此次访日，杨美华与四十年前的旧友重逢，终于知道台湾亲人的消息，而一直以为她失踪的家乡亲人，亦得知她留在祖国大陆的情况。旧友告诉她，抗战胜利后，母亲日夜盼望她回家的情景，触动她对家乡和亲人无比思念之情。自从奔赴祖国大陆后，杨美华再没见过母亲，成为她心中永远的遗憾。杨美华热爱家乡台湾，渴望和父老乡亲团聚，她致力于海峡两岸和平统一，向家乡父老传达在祖国大陆的台湾同胞，对祖国前途和台湾命运的思考，对台湾乡亲产生了积极影响。

1994年，离开故乡半个世纪的杨美华终于回到家乡台湾高雄。虽然这是她参加祖国抗日战争后，唯一一次与故乡土地亲吻的机会，但是她对当年的决定从不后悔，"为祖国母亲尽微薄之力"，是她一生不变的承诺。杨美华把自己最宝贵的年华奉献给祖国，这位八路军老战士博大的家国情怀令人感动。

黄埔军校的台湾人

  孙中山先生为北伐统一，须建立革命的武装力量，而创建黄埔军
校（中央陆军军官学校）。1924 年 6 月 16 日，黄埔军校正式成立，孙
中山发表著名的"开学演说"，指出创办军官学校，"独一无二的希望，
就是创造革命军，来挽救中国的危亡"，"革命军是救国救民的军人，
诸君都是将来革命军的骨干，都担负得有救国救民的责任"。黄埔军校
的创办，体现国共两党在军事方面的合作，周恩来、熊雄、萧楚女、

广州黄埔军校外景

恽代英、聂荣臻等中国共产党人担任黄埔军校政治部领导职务，军校各期学员由国共两党成员组成。国共两党合力共建黄埔军校，创立国民革命军、北伐统一中国，成为中国近代史上的一个重大事件。

第一次国共合作时期，黄埔军校共开办六期。当时正值军阀割据混战，列强瓜分中国，北伐统一中国之重任落到这群黄埔的中国革命军人身上。国共两党许多抗日名将和高级将领就出身于这六期黄埔学生军，其中有来自日本殖民统治下之台湾的热血青年们。受黄埔军校革命思想熏陶的台湾青年，投身于祖国大陆的革命。他们是反抗日本殖民统治之台湾民众的代表之一，与祖国大陆同胞共御外侮，为台湾光复和祖国统一而竭力虔心！

由于种种原因，目前考证第一次国共合作时期在黄埔军校的台籍学生之确切数目成为一道难题。当时部分台籍青年以福建、广东等省籍身份报考黄埔军校，为考证带来较大困难；由于战乱而中途离校，或其他不明原因而未被军校载入名册者亦存焉。据统计，仅 1925 年 1 月入学的黄埔第三期，台湾籍学生就达 15 人。台湾学者林德政先生的论文《黄埔军校的台籍学生》，梳理第二至第六期的 17 名黄埔台籍学生名录，为学界进一步研究提供重要参考。本文所列 19 名黄埔军校的台湾人（包括黄埔教官），仅为第一次国共合作时期进入黄埔军校的台湾青年之"冰山一角"，期待将来能有更多的黄埔台湾人浮出水面。需要说明的是，黄埔第六期的台籍生李祝三和李中辉，属第一总队，于 1928 年 4 月在南京开学，此时第一次国共合作已破裂，为使黄埔第六期台湾人的叙述更完整，故将其纳入本文。

附表：黄埔第二至六期台籍学生、教官概况表（部分黄埔生党派不详）

期　　别	姓　　名	籍贯	曾加入何党派	备　注
黄埔第二期	李友邦（李肇基）	台北	中国国民党（另有一说秘密加入中国共产党）	
黄埔第三期	林文腾（剑亭）	彰化	中国共产党	毕业后任黄埔教官
黄埔第三期	黄济英	台北		
黄埔第三期	陈绍馥（陈萧福）	台北		
黄埔第四期	张克敏（张士德）	台中	中国共产党、中国国民党	
黄埔第四期	蔡祝火	台中		
黄埔第四期	廖武郎（玉龙）	苗栗	中国国民党	
黄埔第四期	林梦飞（子晖）	台北	中国国民党、中国国民党革命委员会	毕业后任黄埔教官
黄埔第六期	陈辰同（陈神童）	台北	中国共产党	
黄埔第六期	林树勋（剑鹏）	新竹	中国共产党	
黄埔第六期	杨春锦	桃园	中国共产党	
黄埔第六期	林万振	南投		
黄埔第六期	罗崇光	新竹		
黄埔第六期	温而励（幸义）	基隆		
黄埔第六期	陈旺枞（陈思齐）	宜兰		
黄埔第六期	郭御屏	台南		
黄埔第六期	李祝三（友嘉）	台北	中国国民党	毕业后任黄埔教官
黄埔第六期	李中辉（子琛）	台湾		
	陈岚峰	宜兰	中国国民党	黄埔教官
合计	19人			

　　根据笔者所查到的党派情况来看，选择国、共两党政治身份的人数相当，与第一次国共合作的政治大背景不无关联。19名黄埔军校的台湾人，有4人担任黄埔教官，可见黄埔台籍教官并非异数，黄埔军校并未区别对待台湾人。

黄埔第二期 李友邦

李友邦（1906－1952年），原名李肇基，台湾台北人，祖籍福建同安。1918年考入台北师范学校。1921年加入台湾文化协会。1924年赴祖国大陆，同年6月入广东警卫军讲武堂，同年11月转入黄埔军校第二期肄业，年底离校。1939年在浙江金华组建台湾义勇队及台湾少年团，同年10月国民政府正式委任其担任台湾义勇队少将队长兼台湾少年团团长，1944年9月升任中将总队长。1945年抗战胜利、台湾光复

台湾抗日义勇队队长李友邦将军

后，率台湾义勇队返回台湾。1952年因"通共"被国民党当局杀害。

李友邦是台湾最早的一名"黄埔军人"。他追随孙中山革命，对北伐战争有功。在孙中山支持下，他在广州成立台湾独立革命党。曾主持国民党两广省工委领导的"台湾地区工委会"，开展台湾抗日运动。参与组建抗日团体广东台湾革命青年团。抗战爆发后，组建台湾义勇队，提出"保卫祖国，收复台湾"，率领台湾同胞在东南抗日前线奋战七年。李友邦把台湾和祖国大陆的命运连在一起，为祖国革命奋斗一生。

抗日意识和爱国情怀的形成

李友邦自幼形成的抗日意识和爱国情怀，对他今后的革命道路产生了极其重要的影响。他在1943年出版的著作《台湾革命运动》中，描述幼年时期的一段经历：

> 我还记得我在孩提的时候曾以失言被掌的一段故事，某日，因与一个日本儿童互谑，被侮，遂愤然而说，如在中国，君我当异于是，恰被一个日籍教师所听见，立刻跑来，不分皂白，大巴掌直接向我的脸额打来，并令我住嘴，这是我所以终身从事台湾革命事业的一个细因。

1918年，李友邦考入台北师范学校，参加学校的秘密抗日活动。1921年加入台湾文化协会。据李友邦夫人严秀峰（杭州人，与李友邦共同投身于抗日战争和台湾革命事业）回忆：

> 1921年，先生16岁时，以林献堂、蒋渭水为首的"台湾文化协会"成立，先生遂参加此一公开的抗日文化斗争组织。而著名的李家大宅及院落，自然成为文化协会在和尚洲文化活动的理想场地，所以在李家经常有文化协会的讲演活动，招来无数为殖民地探求出路的人民群众和抗日社会运动家，也招来监听监视的日本警探。也在此时，先生和蒋渭水、王敏川、赖和、连温卿诸先辈结成忘年的友情。

1922年，李友邦和胞弟李成基及其他进步学生一起袭击台北新起街派出所。1924年3月，李友邦与林木顺、王添进等同学，再袭台北新起街派出所，此谓轰动台北的"新起街派出所事件"。李友邦和林木顺等人因此被学校开除，并被日本殖民当局通缉。李友邦遂与林木顺等人赴祖国大陆。在这次航程中，李友邦、林木顺等人结识谢雪红，他们抵沪后，曾同住虹口四川北路一里弄，一起参加旅沪台湾人在上海务本英文专门学校举行的反对"始政纪念日"活动，反抗日本殖民统治，并相互鼓励，产生为革命而学习的思想。随后，根据谢雪红等人的建议，李友邦南下广州。

入黄埔军校

在广州，李友邦经国民党人任剑若推荐，于1924年6月进入广东警卫军讲武堂，1924年11月转入黄埔军校第二期，年底离开黄埔军校。[①] 据李友邦夫人严秀峰回忆：

> 先生在黄埔军校期间，因秉质优秀，又出身台湾，受到孙中山的注目。在孙先生支持下，先生在广州成立"台湾独立革命党"，自任该党主席，为台湾从日帝统治下的解放与独立而努力。此外，经孙先生推荐，每周日到国民党进步派领袖廖仲恺家勤学国语，探讨中国和台湾的革命形势。

作为黄埔军校的一名普通学生，能得到军校总理孙中山和军校党代表廖仲恺的器重，不仅因其秉赋聪慧和优秀的军人素质，还有一个重要原因——李友邦是当时黄埔军校唯一的一名台湾籍学生，足见孙中山和廖仲恺等中国国民党、黄埔军校领导人对台湾的重视。当时，孙中山经常在黄埔军校作演讲，孙中山的革命思想吸引了李友邦等黄埔学生军。在孙中山的支持下，李友邦进黄埔军校不久，即在广州发起组织"台湾独立革命党"，团结广州的台湾革命青年，开展抗日运动。李友邦认同孙中山统一祖国、振兴中华的思想，作为"台湾独立革命党"主席，他提出如下宗旨："为团结台湾各族人民驱逐日本帝国主义在台湾的一切势力，使台湾脱离日本统治，而返回祖国。"由于李友邦当时只懂闽南话和日语，在学习上存在语言不便的问题，孙中山

---

①李友邦填写于1945年的《陆海空军官佐履历表》，转引自陈在正《李友邦有关历史问题探讨》，2004年海峡两岸台湾史学术研讨会论文集，第218页。

便嘱咐李友邦去曾留学日本的廖仲恺家学习国语。廖仲恺是孙中山的战友和助手，是国民党左派代表人物。廖仲恺对李友邦十分欣赏，其救国救民的革命理念对李友邦产生了影响。李友邦与廖仲恺一家结下深厚的友谊。

主持台湾地区工委会

1924 年年底离开黄埔军校后，李友邦追随孙中山革命，奉孙中山之命携巨款北上，支援国民革命，对北伐战争有功。1925 年，李友邦主持国民党两广省工作委员会领导的"台湾地区工委会"工作，台湾区委委员林文腾、谢文达、杨春松和陈辰同先后加入中共。该组织主要任务是：向岛内的台湾同胞宣传孙中山领导下祖国革命的形势，激励台湾同胞反抗日本殖民统治的斗志，动员台湾革命青年参加祖国大陆的革命运动。

1926 年，李友邦潜返回台，与台湾文化协会的左派人士秘密联络，开展抗日活动。李友邦夫人严秀峰回忆：

> 1926 年，先生返台期间，台湾文化协会内部左翼反日思潮渐渐扩大，左右对抗之势在文协内形成。此时先生与文协进步派来往密切，与蒋渭水、连温卿、王敏川等常相聚合，共谋台湾民族民主革命的进一步发展。另一方面，先生亦在台为他在大陆所领导的"台湾区工作委员会"募集资金。

主持台湾地区工委会期间，李友邦往返于台湾、东京、上海、杭州、广州等地，全力推动台湾同胞的抗日运动，在台湾青年中具有较强的号召力和影响力。

参与组建在粤台湾人抗日团体

1926 年 12 月 19 日，广州的台湾青年在中山大学集会，成立广东台湾学生联合会筹备会，在台湾学生中颇有威信的李友邦、林文腾、张深切三人当选为筹备会委员。[①] 其中，李友邦和林文腾系黄埔生，黄埔军校台湾学生在该组织中的重要地位显而易见。1926年12月底，广东台湾学生联合会正式成立，组织成员主要是由黄埔军校、中山大学、岭南大学等校台籍学生组成。其政治主张是支持祖国大陆革命，反对日本殖民统治，开展台湾革命运动。

1927年2月5日，黄埔军校首任政治部主任、中山大学校长戴季陶，在黄埔军校政治部，向广东台湾学生联合会的青年们发表题为《孙中山与台湾》的演讲：

今天，有这么好的机会与各位台湾青年同胞见面，心中不禁涌起两种情怀。一是悲痛之情，另一则是欣喜之情。

台湾民族是我们中国的民族，台湾领

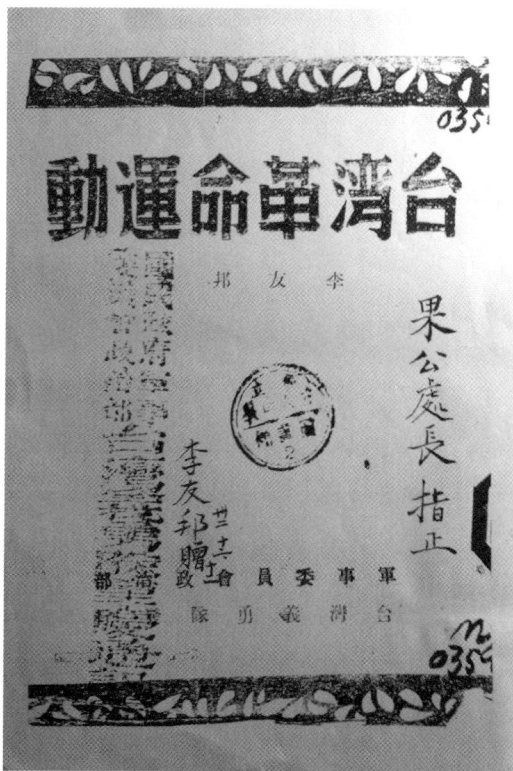

《台湾革命运动》

土本来也是中国的领土。日本利用强权和武力夺去我土地，把我台湾同胞当成奴隶。这就是心怀悲痛之情的所以然。

今天亲见台湾青年同胞，觉得有一种不可名状的亲爱情

①林德政《黄埔军校的台籍学生》，台北：《近代中国》第160期，2005年，第151页。

181

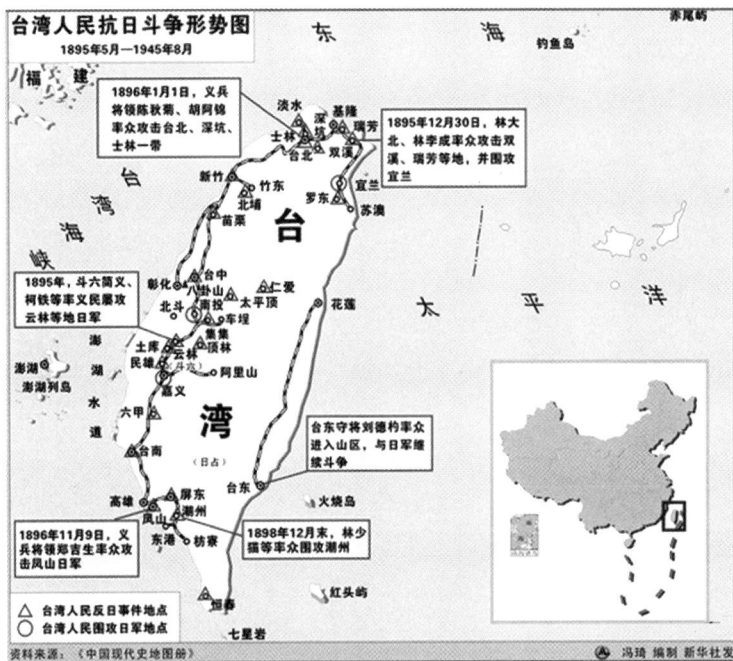

台湾人民抗日斗争形势图

感油然而生。这是因为见到诸位热诚而勇敢的精神有以致之的，这就是心怀欣喜之情的所以然。

台湾民众就是我们中国的民众，台湾民众的团结就是我们民众的力量。台湾民众挚爱祖国的热诚，即是我们民众革命精神的发挥。

……

当总理病状极沉重时（总理逝世二十日前），我曾经到北京探望他的病。当时，总理向我谈起有关日本的若干事。其中，有三项极重要的事。

总理说："我们对日本，有三个最低限度的主张。一是废弃日本和中国所缔结的一切不平等条约；二是让台湾及高丽两民族实行最低限度的自治；三是日本不应反对苏联的政治政策，也不阻止苏联和台湾及朝鲜的接触；这是我们最低限度的要求。"

……

由这件事，亦可看出总理虽在病中，却仍爱护关怀着台湾同志，同时，亦始终留意台湾同胞的革命策略问题。在台湾，我们当前的革命运动，要把目标放在设立议会和自治政府。这就是总理在病中告诉我："希望把它作为中国达成完全独立的一种方法。"

戴季陶向台湾青年转达孙中山对台湾革命的关心，转达孙中山关于在台湾设立自治政府的主张，并明确表达对台湾民众发起反对日本殖民统治的议会运动的支持，使台湾青年产生共鸣。随后广东台湾学生联合会参加祖国大陆发起纪念孙中山先生逝世二周年游行活动，并以广东台湾革命青年团名义发出传单《敬告中国同胞书》，指出"台湾的土地是中国的土地"，呼吁祖国大陆同胞援助台湾革命。

1927 年 3 月 27 日，广东台湾革命青年团成立，以广东台湾学生联合会为对外公开的团体，广东台湾革命青年团则作为秘密组织开展抗日活动。张深切任广东台湾革命青年团宣传部部长，李友邦为宣传部部员。1927 年 4 月 1 日，广东台湾革命青年团出版机关刊物《台湾先锋》。1927 年 6 月，广东当局以广东台湾革命青年团系左倾团体为由，强迫该团体解散。据日警档案记载：

昭和二年（一九二七年）四月十五日，蒋介石下令广东政府内部进行清党运动，扫除共产主义势力。朝鲜革命青年团由于受到镇压，而终致一蹶不振。但进入五月以后，台湾革命青年团却再度展开活动。

同年六月，广东政府认定台湾革命青年团亦为左倾团体之一，遂逮捕一二名首谋者，发出解散命令，开始严厉的取缔行动。因此，会员、学生四散，活动亦告停顿。

1927 年 7 月 24 日，日本殖民当局以言论煽动台湾独立，而逮捕广东台湾革命青年团外交部长张月澄，随后于 1927 年 8 月 6 日，对广东台湾革命青年团进行大检举，此谓"广东事件"。当时，李友邦因蒋介石"清党"而离开广州，得以暂时逃脱检举，该团其他成员被通缉。1929 年 10 月，李友邦在上海被日本特务逮捕，关押在日本驻上海领事馆。日警档案对因"广东事件"被捕的李友邦信息记录如下："当时行踪不明，嗣后发现其所在，经逮捕加以处断"，"证据不充分，处分不起诉。"

在杭州参加革命活动

无罪获释后，李友邦转赴杭州，任杭州国立艺术专科学校日语教师。在杭州期间，每逢孙中山逝世纪念日，李友邦积极参加纪念活动，并发表演讲，宣传孙中山的革命思想，是一名颇有影响的孙中山思想追随者。

关于李友邦在杭州的革命活动，中国美术学院李钦郎先生的文章《我院创建共青团组织的第一人——李友邦》有详细叙述，并指出李友邦曾秘密加入中国共产党。此为目前比较完整说明李友邦是中共党员的一种说法。1930 年，李友邦在国立杭州艺专教授日语，并于同年 10 月至 11 月担任共青团杭州市委委员。李友邦在杭州艺专秘密组织共青团支部，吸收"一八艺社"社员参加，与"一八艺社"的胡一川等来往密切。李钦郎将胡一川先生的回忆记录如下：

> 据胡一川先生说："在李友邦教育引导下，于 1930 年深秋的某日，由李友邦介绍我、姚馥、刘梦莹、王瀛、季春丹等五六位同学在保塔山坡下，用红叶作标志，象征革命的红旗，李友邦带领我们宣誓，参加共产主义青年团，并指定我

为共青团组织的负责人（其实就是团支部书记）。"

李友邦在杭州发展共青团组织，参加抗日反蒋活动，由于地下活动频繁，被国民党情治机构察觉，于1932年2月被捕。在狱中，李友邦结识中共党员、狱中难友骆耕漠，建立密切关系。李友邦入狱期间，他的二弟李友先（成基）、三弟李友烈（丕基），因坚持抗日活动，先后被日警杀害。

组建台湾义勇队

1934年9月，李友邦被保释出狱，但仍受国民党情治机构监控，行动不完全自由。1937年抗战爆发，李友邦在浙江积极开展抗日救亡运动，筹组台湾义勇队。李友邦夫人严秀峰回忆：

1937年，先生自浙江陆军监狱出监后，着手筹备组织

活跃在浙江金华的台湾抗日义勇队

185

"台湾义勇队"，并在中国抗日民族解放战争中，提出"保卫祖国，收复台湾"的口号，号召当时一切滞留祖国大陆及岛内台胞共同为民族解放、抗日救亡运动而斗争。

在孙中山革命思想的影响下，李友邦对台湾的解放运动有深刻的思考，他认为：欲救台湾，必先救祖国；欲致力于台湾革命的成功，必先致力于祖国抗战的胜利。因此，他提出"保卫祖国，收复台湾"的口号。中共浙江省委得知李友邦酝酿组织抗日团体，准备发动台胞参加中国抗日战争后，派骆耕漠与李友邦联系，协助他进行筹组工作，后又调中共党员张一之（张启权）协助李友邦。可见，李友邦筹组台湾义勇队，得到中共的大力支持和帮助。

李友邦恢复创建于大革命时期的"台湾独立革命党"，在《台湾要独立，也要返归中国》一文中，阐释台湾独立革命党的宗旨。他以台湾独立革命党的名义，与张一之同赴台胞集中的闽北崇安，发动台胞参加抗日组织。由于金门和厦门被日军占领，福建地方政府对沿海的台胞有防范心理，于1938年4月在崇安等闽北山区成立"台民垦殖所"，强行把台胞集中起来，以防止台湾人给日本人当密探。其实绝大部分台胞是无辜的。李友邦得知台胞受到不公正待遇后，为解救他们，提议以这些台胞为基础组建台湾义勇队，得到当地革命人士和进步人士的大力支持。

1938年秋冬，李友邦多次往返于闽浙两省，动员台胞参加祖国抗战。被拘禁在崇安的400多位台胞联名写信给台湾独立革命党，表示爱国意愿，并希望加入台湾义勇队。李友邦筹建台湾义勇队，得到浙江省政府主席黄绍竑和国民党省党部主任委员谷正纲的资助。1938年11月初，李友邦和张一之携黄绍竑给国民党福建省党部负责人陈肇英的亲笔信来到福建。福建省主席陈仪视这批被集中的台湾人为包袱，同意李友邦把集中在崇安县的台胞带走。

1938 年 12 月，李友邦以台湾独立革命党名义，与张一之同赴桂林，他们筹建台湾义勇队之事，得到"桂林行营"和"朝鲜义勇队指导委员会"的帮助。随后，李友邦在浙江丽水南明山召开的抗日座谈会上，以《铁路蹂躏下的台湾》为题发表演讲，期望两岸同胞一起反抗日本侵略，复兴中华民族。

1939 年 2 月 15 日，福建省主席陈仪指示崇安县长刘超然派兵护送 22 名台胞赴金华，参加李友邦组织的抗战集训。电文如下：

> 刘县长：立密。李友邦请求于留崇台胞挑 22 人赴金华集训，已准所请并给服装伙食旅费等 400 元交李带崇，仰该县长洽办。出发日期决定后希即电告，以便饬兵站派车护送。陈仪。删。绥。甲。

1939 年 2 月 15 日，崇安县长刘超然收到陈仪电文后，立即遵照办理。随后，李友邦于同年 2 月 17 日给宗安县政府函电：

> 迳启者：我台胞数百名集中贵治，多承贵县长慈心爱护无微不至。今次有数十名愿意参加祖国对日抗战效劳，故友邦先率 22 名赴浙江金华集中训练抗战工作，将来一切行动完全负责。
>
> 此致
> 崇安县长刘
>
> 台湾独立革命党主席 李友邦
> 二月十七日

1939 年 2 月 19 日，在崇安县长刘超然的安排下，郭汝侯等 22 名台胞由警佐林学占乘兵站的专车护送赴浙江金华，其中 16 人为台湾义勇队首批队员，6 人为台湾义勇队之少年团首批团员。此为李友邦从崇安带回的第一批台胞。

1939 年 2 月 22 日，台湾义勇队在金华酒坊巷 18 号（台湾独立革命党总部）正式成立，李友邦任队长，李祝三（台北人，黄埔六期生）任副队长，张一之任队秘书，并成立台湾少年团。当时正值第二次国共合作时期，中共中央南方局负责人周恩来时任国民政府军委会政治部副部长。1939 年 3 月，一直关注台湾义勇队的中共领导人周恩来，到浙江金华时，对李友邦率领的台湾义勇队作了重要指示。1939 年 10 月，台湾义勇队正式隶属于国民政府军事委员会政治部，国民政府委任李友邦为台湾义勇队队长兼台湾少年团团长，并晋升为陆军少将。

李友邦恢复广东台湾革命青年团时期的刊物《台湾先锋》，将其作为台湾义勇队队刊，自任主编。队刊《台湾先锋》于 1940 年 4 月 15 日创刊，1942 年 12 月 25 日停刊，共发行十期。时任浙江省主席的黄绍竑为队刊题写刊名。李友邦为队刊题词"复疆"，台湾义勇队部队番号为"复疆"，意为收复疆土台湾之意。著名抗日爱国人士郭沫若、李济深、邵力子等为《台湾先锋》题词。《台湾先锋》第十期"编后话"，对刊物特点进行总结："研究台湾社会结构，阐述台湾革命理论，记载台湾革命史实，研究敌情和工作报道。"《台湾先锋》成为记录台湾同胞参加祖国抗日战争的重要文献。此外，台湾义勇队还出版期刊《台湾青年》及抗日丛书等，激励台湾同胞的抗日爱国意识，增进祖国大陆同胞对台湾的认识和理解。

台湾义勇队以"保卫祖国，收复台湾"为战斗目标，吸引台胞踊跃参加，其队伍不断发展壮大。比如 1940 年 6 月 30 日，李友邦就新增台湾义勇队队员等事宜，给福建省政府、崇安县政府函电，并表达台胞希望参加祖国抗战的夙愿。电文内容如下：

> 敬启者：台湾义勇队在祖国诸长辈援引之下，奔走年余，现端倪稍具，基础既备，今后工作开展当较不难，而今而后使我台胞能参加祖国抗日战线，竭其绵薄，遂其夙愿。饮水思源，祖国诸长辈资助之恩固实难忘，而闽省诸长官一年来

多方协助之功尤为友邦及诸同志所感激无已者。兹因义勇队工作开展甚速，中枢诸长官又皆谆谆以扩大义队之组织，尽量罗致台胞参加抗战为嘱。本队业已派员分赴各地号召。近有留崇台胞李瑞成等 14 人，台童朱炳源等 20 名屡次来函要求参加本队工作，本队得信后即派指导训练组牛光祖组长赴崇考查。经长期教育及详询后，觉渠等尚堪造就，拟准其来浙参加工作，希钧座俯念其爱国热情，准其离崇赴浙，参加抗战工作，俾其夙愿得遂。并有本队队员家属施美德等 12 名要求来浙帮同其夫工作，亦拟请准其离崇一并来浙。

　　此致

崇安县长刘转呈福建省主席陈

　　　　　　台湾义勇队总队长 李友邦

1941 年 11 月 5 日，李友邦在浙江《东南日报》发表《告台湾同胞书》，号召台湾同胞坚持抗战和台湾革命，文章写道：

　　首先，我们要反省。台湾赋予我们的任务，既如此重大、艰巨，那么，我们每个在祖国的台胞，就得时刻警惕与反省：我们在祖国国土上呼吸了自由空气，是否就忘却了台湾 500 万过着奴隶生活的同胞？我们在台湾革命的旗帜下，是否有另作小我的打算？第二，我们要自爱。古人说："人必自侮而后人侮之，国必自伐而后人伐之。"这就是说，要争取人家的同情与援助，必须自己振作有为。第三，我们要切实。有人说过：革命事业不是交易所的买卖。这是很对的。革命是要拿出力量来的，不是空口说白话所能渴望其成功的。必须多做有利于整个台湾解放的实际工作。第四，我们必须求取进步。革命事业不是少数人所能担负得了的，我们台湾，由于所处地位的孤单，又经日寇数十年来的暴力统治和摧残，工作之艰巨更非一般可比，所以我们革命同志以至全体台胞必须求进步。

台湾义勇队以浙江为主要活动基地，组织台胞战地服务队，开往皖南、赣东和闽南等抗战前线，开展对日军的分化瓦解，宣传中国的抗日斗争是正义的，并侦听日伪电台，为军事机构翻译日文情报和秘密文件等，在祖国东南抗日前线十分活跃。

义勇队的"台湾小兵"和"台湾医生"

台湾义勇队少年团的团员们，赴抗日前线巡回演出，慰问受伤将士，组织募捐，被李友邦视为"宝贝疙瘩"。国民党中央社、《新华日报》、《前线日报》和《东南日报》等媒体追踪报道这群可爱的"台湾小兵"。少年团在抗日前线表演相声、快板、舞蹈、话剧、歌剧，演唱

为争取中华民族的解放，台湾同胞组成台湾少年团参加抗战。图为在浙江金华的台湾少年团正整装列队

《义勇军进行曲》、《游击队之歌》等抗日歌曲，鼓舞抗日将士的士气。尤其受前线将士欢迎的是《台湾少年团团歌》，歌词唱道：

> 台湾是我们的家乡，那儿有人五百万不自由；台湾是我们的家乡，那儿有花千万朵不芬芳。我们戴了枷锁来人间，我们受着麻醉过生活，离了家乡，奔向自由，要把自由带回家乡。我们会痛恨，不曾哭泣，我们要生存，不要灭亡。在压迫下斗争，在斗争里学习，在学习中成长。要造就宇宙般宽的胸襟，要锻炼铁石般硬的心肠，要团结千百万的儿童，要收回我们的家乡，我们得和敌人拼个生死存亡。

这支战歌增进抗日将士们对台湾的了解，"台湾小兵"强烈的抗日意识，对祖国收复台湾的渴望，深深感动了中国军人。

李友邦考虑到许多义勇队队员是受过专业训练的医务人才，于是成立医疗工作部，组织台胞战地巡回医疗队。1939年4月，台湾义勇队设立第一个医院，随着台湾义勇队的不断壮大，后来又附设第二、第三、第四医院。义勇队的医生被战士和乡亲们亲切地称为"台湾医生"。此外，台湾义勇队还开办制药厂，生产前线急需的各种药品，送往抗日战场。

李友邦夫人严秀峰指出，台湾义勇队创办医院，不是为了赚钱，而是为了祖国和台湾的解放。据严秀峰回忆：

> 台湾义勇队的医院，对于抗日军人、出征官兵的家属和贫苦民众，一律不收费。对于一般的民众，只是收70%医疗费。经费这么紧张，为什么要办医院？不是为了赚钱，是为了祖国解放，也就是台湾解放。那个时候4个人配一块豆腐乳，真的吃不饱，一天只可以吃两餐，上午和下午，生活是很艰苦的。

浙江《东南日报》经常报道"台湾医生"们救治病人的消息。"台湾医生"高明的医术、高尚的医德和低廉的收费在当地老百姓中口口相传。景之是一名在义勇队医院实习的医学院学生,她以《台湾医院给我的印象》为题记录实习感想,该文载于《台湾先锋》1940年第9期。文章写道:

> 第一,台湾医院是个大家庭。大家在一起工作好像兄弟姐妹一般,沉浸在融洽的气氛中。第二,台湾医院是个学校。遇到疑难病症就集体研究探讨,同时,还定期在一起学习时事政策。第三,台湾医院是个慈善机构。凡穷人、士兵来就诊,均予免费,免费额每天总在百分之二十以上。

四十多年后,原台湾义勇队少年团团长王正南重访金华,年过花甲的老乡谈到当年的台湾义勇队时,对"台湾医生"赞不绝口。

参加光复台湾工作

1940年3月,李友邦赴战时首都重庆,与中共台籍党员谢南光等人组建"台湾革命团体联合会"。1941年2月10日,台湾独立革命党、台湾民族革命总同盟、台湾民族革命党等台胞抗日组织,在重庆联合成立台湾革命同盟会,形成大陆台胞的抗日联合阵线。谢南光与李友邦、张邦杰三人为常委,轮流担任主席。台湾革命同盟会号召台湾同胞参加祖国抗战,主张收复台湾。李友邦往来于重庆、浙江和福建之间,为抗战和台湾光复奔波。

1943年11月,《开罗宣言》决定战后把台湾归还中国。中国政府着手收复台湾的准备工作,于1944年4月在重庆成立台湾调查委员会。1944年6月,遵照蒋介石的命令,台湾调查委员会增加李友邦等人担任委员职务,李友邦参与制定光复台湾的计划。李友邦发表《开罗会议后之台湾问题:为台湾沦陷四十九周年而作》。他对收复台湾满怀希望,把台湾义勇队"保卫祖国,收复台湾"的目标改为"保卫祖国，建设台湾"。他认为"在不平等条约尚未撤除，日寇末日尚未到来以前，我们台湾革命，乃以'保卫祖国'的方式来达到'收复台湾'的目的。换言之，即以求得领土完整、民族自由为'保卫祖国'的内容。随着胜利的接近，我们的革命任务即将以'建设台湾'为'保卫祖国'的方式，以'保卫祖国'为'建设台湾'之内容。"李友邦的政治主张，得到爱国台胞的积极支持和响应。

1944年8月，郑晶莹女士随父亲郑约（时任台湾义勇队闽南办事处主任，负责收集厦门的日军情报），前往在龙岩的台湾义勇队总部（1942年义勇队总部由浙江金华迁至福建龙岩），拜访刚从重庆归来的李友邦。从他们的谈话中，亦可见李友邦"保卫祖国，建设台湾"的新思想。郑晶莹回忆：

> 这时李友邦总队长刚从重庆回来，他接见了笔者（郑晶莹）。我们进行了一场难忘的谈话。李开始问我愿不愿意参加台义队？我说若早一两年我也许会参加，现在我要上大学去了。我们家里已有两人参加，可以了……他说他也有过轰轰烈烈的青年时代，青年时代是人生旅程中最可贵最有意义的时期，他理解我的抱负。最后他感动地说：看来台湾回归祖国的历史任务在我们这一代人的肩上可以实现了，但是中国富强的时代责任将落在你们青年一代身上。听完他这一席话，我发现在我面前的这位老乡长者不是国民党官僚，而是一位可敬的爱国前辈！从此我们之间结下了心照不宣的爱国情结。

1944年9月，李友邦升任中将总队长，台湾义勇总队下设四个支队，分别活跃于前线、后方、敌区（敌伪工作）、沦陷区（台湾）四大作战区域。1945年8月15日，抗战胜利。1945年9月3日，李友邦派台湾义勇队副总队长张克敏（张士德，台中人，黄埔四期生），随美军事代表团从重庆飞赴台湾，在台北升起象征收复台湾的国旗。

1945 年 10 月 25 日台湾光复。同年 11 月，李友邦率台湾义勇总队返回台湾，被任命为国民党三青团台湾分团主任。李友邦和台湾义勇总队受到台湾同胞的热烈欢迎和拥戴。台湾义勇总队为维护战后台湾的秩序、保护物资和台湾民众的生命财产安全等作出了贡献。1946 年2 月，台湾义勇总队被解散。

1947 年，李友邦因"二·二八"事件被捕，蒋经国查明真相后，李友邦于 1947 年 6 月 23 日获释。1949 年任台湾省党部副主委、台湾省政府委员。1950 年 2 月，李友邦夫人严秀峰被蒋介石当局逮捕，以"参加中共组织"的罪名，被判处有期徒刑 15 年。1951 年 11 月，李友邦被蒋介石当局以"通共"罪名逮捕，1952 年在台湾牺牲。

1992 年，台湾学者和台湾义勇队老队员分别举行纪念李友邦的活动，以历史事实证实李友邦的抗日功绩。1995 年北京举行抗战胜利五十周年纪念活动，特邀李友邦夫人严秀峰与台湾义勇队老队员代表参加，肯定李友邦为中国抗日战争所作出的贡献。2005 年，国民党纪念抗战胜利和台湾光复六十周年，开展一系列纪念李友邦的活动。李友邦的抗日革命历程，反映海峡两岸不可分割的血脉联系，海峡两岸同胞以纪念李友邦、重温历史的方式，表达对祖国未来的渴望和憧憬，两岸同胞将在未来的道路上携手更好地前行。

黄埔第三期 林文腾

林文腾（1893－1978 年），号剑亭，台湾漳化人。毕业于日本早稻田大学，回台后曾任教于北斗公学校，加入台湾文化协会。1923 年前后赴祖国大陆。1925 年 1 月考入黄埔军校，为黄埔第三期学员，加入中共。[1] 1926 年 1 月毕业后，留黄埔军校担任中尉军官，为第四期的校内政治部队职官。随部参加北伐，后升任中校军官。[2] 曾担任李友邦所领导的国民党两广省工委"台湾地区工作委员会"委员。1926 年 12 月，林文腾参与创建广东台湾学生联合会，成为该组织领导人之一。据日警档案记载：

晚年的林文腾

大正十五年（一九二六年）十二月十九日，这些学生的代表洪绍潭、张月澄、郭德金、张深切、吴文身、卢炳钦、林文腾、简锦铭、林仲节等二十多名，在广东中山大学集合，中国方面，则以黄埔军官学校政治部主任孙炳文为首，在省党部、市党部各主任，以及中山大学校长戴天仇等列席之下，举行广东台湾学生联合会的成立大会。

开会当时有一名列席者（据推测是洪绍潭）发言云："台湾是中国的土地。台湾人是中国人。然则，这个台湾和这些中国人，为何要受日本帝国主义者的压迫，而在水深火热中煎熬呢？我们为了要解救受苦的台湾人，需要研究革命。而为了革命的完成，我们认为最佳而且必须的条件是，台湾人的同心协力。故而，在此组织学生联合会，用以联合各地的学生，以便燃起革命的烽火。希望各位学生诸君，为达成此一目的而努力不懈，自许为革命的先锋，务必一致协力奋斗。"

---

①王万得北京回忆。
②林献堂著、许雪姬等注解《灌园先生日记（六）：一九三三年)》，台北：中研院台史所筹备处，1990 年，第 106 页。

林文腾则说明该联合会的组织经过，郭德金则解释会章草案的要项。会中，决定监察部、交际部、文牍部、财政部及总务部的掌管事项，选出洪绍潭、张深切、郭德金、张月澄、林文腾等人为委员，并决定暂时每月一次，在中山大学内举办研究会、演说会、讨论会等事项，然后宣告散会。

为使广东台湾学生联合会的革命意识更加明确，广泛吸收学生以外的人士参加，而促成广东台湾革命青年团的创立，林文腾在其中发挥了关键作用。1927年3月9日，林文腾与张深切、张月澄等人集会，商议孙中山逝世二周年纪念示威游行活动，率团参加3月13日在广州东较场举行的示威游行，并以台湾革命青年团的名义散发传单《敬告中国同胞书》，呼吁"中国民众一齐援助台湾革命！毋忘台湾！台湾民族是中国民族，台湾的土地是中国的土地！"据日警档案记载：

在昭和二年（一九二七年）三月十三日，于中山大学召开的学生联合会例会中，林文腾便提出此议，决议通过重新筹划组织一个新团体。洽商结果，选出林文腾、郭德金、张深切等三名为纲领、会章的起草委员，筹备期间定为两个星期，会的名称暂定为"广东台湾革命青年团"。

昭和二年（一九二七年）三月二十七日，以学生联合会干部林文腾、郭德金、张深切、洪绍潭、张月澄等为首，林洋中、陈辰同、杨春锦、陈思齐二十多名会员，集合于中山大学，林文腾以下十数名先后站起来，叫喊打倒日本帝国主义，实行台湾革命等，并听取起草委员对纲领、会章的说明后，予以议决通过，以学生联合会为表面名称，台湾革命青年团则作为秘密组织，开始展开活动。

由林文腾负责的广东台湾革命青年团机关报《台湾先锋》，于1927年4月1日创刊，得到黄埔军校国、共两党人士的支持。创刊号卷首刊登孙中山的肖像和遗嘱，黄埔军校副校长李济深为《台湾先锋》题字，黄埔军校教育长方鼎英，黄埔军校教官林文腾、施存统（中共早期领导人）、安体诚（中共党员）、韩麟符（中共党员）、任卓宣（中共党员）、陈日新等人，纷纷在创刊号上发表文章，支持反对日本殖民统治的台湾革命运动。林文腾撰写《发刊词》，并分别以笔名云彬、赤剑在创刊号上发表关于台湾抗日革命运动的文章。创刊号刊登中山大学校长戴季陶于 1927 年 2 月 5 日在黄埔军校，向广东台湾学生联合会会员们所作的演讲《孙中山与台湾》。创刊号印发约二千份，其主要分发对象是在祖国大陆同胞、台湾同胞和朝鲜人；并寄给东京的台湾留学生；针对台湾岛内，设立 22 处联络站，向在台湾开展反抗日本殖民统治的农民运动领导人李应章等寄发。《台湾先锋》提出"农工阶级是革命的急先锋！""台湾革命成功万岁！""中国革命成功万岁！"等口号，明确地表达对日本殖民统治下的台湾政治和革命的主张，足见第一次国共合作革命思想的影响。中山大学文学院院长、教授鲁迅关注《台湾先锋》，并给予支持。

广东台湾革命青年团的主要领导人是林文腾、郭德钦、张月澄、张深切等四人，团员约三四十人。1927 年 5 月，广东台湾革命青年团地址设在广州市一德路"明星影片公司"三楼，开展一系列反抗日本殖民统治的活动，得到祖国大陆同胞的支援。据日警档案记载：

五月九日国耻纪念日，参加广州市东较场的示威游行，散发《台湾革命青年团国耻纪念日宣言》数千份。

五月十二日，制作并散发台湾留沪同志会、台湾反日同盟会、台湾革命青年团等对济南事件的共同宣言书。

六月十三日，以《台湾学生联合会的呼吁》为题，投书广东《民国日报》，抨击台中第一中学校的骚动事件。

六月十七日，始政纪念日当天，向广东《民国日报》投书《台湾革命青年团致中国民众书》一文。

七月十二日，投寄《民国日报》一篇以《告台胞》为题的记事，煽动对抗日本帝国主义，实行台湾民族革命。

1927年8月6日，日警对广东台湾革命青年团进行大检举。由于林文腾于同年4月蒋介石"清党"后赴武汉，日警对他的行踪不明暂时未被逮捕。1927年林文腾离开武汉经上海到厦门，从事地下工作。1928年被捕遣返回台，曾被台共作为发展党员的主要对象。谢雪红回忆：

当时，发展党员的主要对象是农民组合和文化协会的干部积极分子及上海读书会事件、广东革命青年党事件的被捕者（如林文腾、吴拱照、陈思齐、张月澄等，当时有的还在狱内）等有实际斗争经验的人。

1928年12月4日，林文腾被日本殖民当局判刑4年。1933年刑满获释后，曾与林献堂联系，要求加入台湾新民报社。据《灌园先生日记》1933年3月14日之记录：

四时余林文腾来访，他在广东组织台湾革命青年团，因是而犯着治安维持法，昭和三年被拘归台，判决禁锢四年，合拘留日数计五年一个月，出狱才月余耳。他希望作新民报社北斗之取次人，托余对专务万侾交涉云云。

抗战时期，林文腾参加祖国大陆的抗日战争，曾任蒋介石的日语翻译官。战后返回台湾，与老台共谢雪红联络。台湾"二·二八"事件后，谢雪红劝林文腾离台，林没有离开台湾，随后因与谢雪红联系而成为陈仪当局逮捕的对象。①

---

①林献堂著、许雪姬等注解《灌园先生日记（六）：一九三三年）》，台北：中研院台史所筹备处，1990年，第106页。

黄埔第三期 黄济英

黄济英，生于 1899 年，台湾台北人。1925 年 1 月以福建南安籍报考黄埔军校步兵科，为黄埔第三期学员。黄埔军校学籍注册地址为台北市人船町三丁目百三十番地。1926 年 12 月参加广东台湾学生联合会，1927 年 3 月参加广东台湾革命青年团。

黄埔第三期 陈绍馥

陈绍馥（陈萧福），台湾台北人。其父陈定国曾任日据时代台北汐止街街长。20 世纪 20 年代陈绍馥赴祖国大陆，积极参加在沪台湾人团体组织的抗日活动。1924 年 11 月 6 日，蔡孝乾、陈炎田、李孝顺等上海台湾青年会成员，在闸北公兴路共和楼茶馆召开上海台湾青年会秋季大会，参加者除 50 余名会员外，还有 10 余名旅沪台湾人。陈绍馥参加了此次会议。会议提议，青年会的成员不应该仅限于学生，"应该改为能广泛包容台湾人的团体"。此项提议得到通过，于是决定解散上海台湾青年会，"重新组织'旅沪台湾同乡会'"，并推举蔡孝乾、陈北塘、陈绍馥、郑进来、陈炎田、林剑英、何景寮等人为创会委员。陈绍馥以该组织委员的身份，积极募集组织经费。1925 年 1 月，陈绍馥考入黄埔军校，为黄埔第三期学员。1926 年 1 月毕业。

黄埔第四期 张克敏

张克敏，生于 1909 年，号炳煌，后改名张士德，台湾台中人。1923 年考入厦门中华中学。1926 年 1 月考入黄埔军校步兵科（步兵第二团第三连），为黄埔第四期学员，加入中共。1926年10月毕业。随部参加北伐，在江西吉安驻防。1927年蒋介石"清党"时，离开广州赴武汉。1927年经上海到厦门从事地下工作。1927年10月，中共闽南临时特委派遣张克敏与黄埔同学、台湾同乡林树勋共赴惠安参加农运和武装斗争。据中共惠安县委党史研究室编《惠安暴动》记载：

> 10月间，中共闽南临时特委调回施岑侬、许彩英，委派黄埔军校学生林泽民（张克敏）、林树勋（林剑鹏）来惠安加强对农民运动和武装抗捐工作的领导……

> 然而，1月11日，涂岭农民协会意外地遭到国民党军队的偷袭，农运领导人王德彰、林泽民、林树勋和廖志（上海人）等不幸被捕，农民运动受到损失……

1928年年初，张克敏被国民党当局逮捕，并被日本殖民当局遣返回台。随后，张克敏积极参加简吉领导的台湾农民组合抗日运动。1928年夏，台共领导人谢雪红结识张克敏，对其黄埔生经历及在祖国大陆的活动情况有所了解。谢雪红回忆：

> 七八月间，我在农组本部第一次认识张克敏（即后来的张士德）。张克敏是丰原屯仔脚人，于1925年到大陆参加革命，是黄埔军官学校的第一期或第二期毕业生（张克敏系黄埔四期生，可能是回忆者记忆误差，笔者注）。1928年间在厦门被国民党逮捕，已经被判处枪决了；当时厦门台湾同乡会及时出面证明张是台湾人，国民党当局不得不把张交给日本厦门领事馆（根据所谓"治外法权"或"领事裁判权"）。领事馆才把张押回台湾，台湾日帝当局又根据"日本人加入外国政治结社的法律"（该条法律规定对加入外国政党——包括共产党——者从轻处理，以别于"治安维持法"，后来这个区别被取消了）之规定，或因证据不足的理由，张在被押

200

回台湾，不久即被释放了出来。被释放后他即到农组本部，还是表现着关心革命的。

我自从回台中以来，接触到已在大陆加入中共的党员除陈新童同志外，还有杨克培、杨春松、张克敏三人。

张克敏与谢雪红等人的联络较密切，支持谢雪红开办国际书局以掩护党的活动，并表示将给予经济援助。谢雪红回忆：

我在台中认识杨克培、张克敏后，我和他们谈起了应该找一种职业来做掩护的问题，终于大家同意我去台北开一家书店，经营进步书刊的计划。且张、杨均表示可能从家里拿出一些钱来做资金，我也打算从二姐处要一点钱来合股。

……

我回台中后，关于经营书局的计划进行得相当顺利，张克敏答应拿出来大部分的资金，我和杨克培各负担凑出一部分资金。

张克敏最终没有兑现援助国际书局资金的承诺。

1928年12月30日，张克敏参加台湾农民组合第二次全岛大会，被任命为大会书记。大会结束后不久，张克敏赴祖国大陆，在福建继续参加中共的革命活动。1929年9月，中共台籍党员蒋文来在漳州被捕。1929年10月5日，中共台籍党员蔡孝乾、张克敏等人召集在漳州的台籍学生和台胞数十人，商议组织救援会营救蒋文来。随后，把救援会扩展为"台湾解放运动牺牲者救援会"。1930年2月，张克敏参加詹以昌发起的重建闽南（台湾）学生联合会组织活动。该组织得到台籍中共党员翁泽生的指导，其主要活动是进行社会科学的学习与研究，从事抗日革命运动。

1942年张克敏参加台湾义勇队，任区队长、分团宣传股长。1944年3月，台湾义勇队第三巡回组抵安海，张克敏以第三巡回组组长身份主持台湾义勇队祭奠郑成功仪式，总队长李友邦代表台湾义勇队队员行致祭仪式，以"收复台湾"、"还我河山"等祭词表达台湾义勇队的抗战目标。1944年7月24日，张克敏任三青团台湾义勇队分团代理书记。1944年11月5日至7日，三青团中央直属台湾义勇队分团第二届团员大会召开，张克敏以大会秘书处负责人身份，报告大会筹备经过，与李友邦、洪石柱一起当选为大会主席团成员。大会通过张克敏等人提出建立武装区队，配合盟军登陆台湾（盟军因战略改变，最终放弃登陆台湾计划）的议案，据福建省档案馆编《台湾义勇队档案》记载：

> 提案人：张士德 徐 光 林其铨 王正北 蔡振坚 曾玉芳
>
> 朱倬 谢清海 王正南 林昭德 曾海崟
>
> 案文：拟请电请建立武装区队，以便配合盟军登陆台岛案。
>
> 理由：台湾为我国东南屏障，在国防上及其他各方面关系我国至深且巨，本分团各团员悉属台胞，不忍台胞遭受敌人之压迫而坐视家乡于水火中而不救。
>
> 办法：以大会名义电请中央拨发武器，候命配合盟军登陆台岛与敌搏斗，以酬收复台湾之宿愿。
>
> 议决：通过，交干事会办理。

1945年9月3日，受李友邦派遣，张克敏以台湾义勇队副总队长的身份，随美军太平洋舰队司令柯克上将率领的美军先遣队，第一批飞赴台湾，在台北升起象征收复台湾的第一面中国国旗。抵台后，张克敏受命筹划成立国民党三青团台湾区团，并动员陈逸松参加该组织。据陈逸松回忆：

> 张士德上校（字克敏，我们都叫他"张大佐"）是台中大甲人，农民组合出身。早年到大陆进黄埔，入军统，现在以台湾义勇队副队长的名义回台。不知是军统自己的情报，还

是日方提供的资料……张士德通过一个电气商人请我到"梅屋敷"和他见面。当时日本虽已投降，台湾人仍心存戒慎，空气依然凝重。我来到"梅屋敷"，看到日本宪兵警卫森严，我就从厨房后门溜了进去。刚一见面，张士德就用闽南话跟我说国军很快就要来了，为防止国军到来之前，日本人可能有的破坏行为，他要我把青年人组织起来，用以监视日本人的行动，保护国家财产的安全。他随即用红纸写了一道"日日命令"："任命陈逸松为三民主义青年团中央直属台湾区团部主任"。署名签章以后交给我，我说我是学法律的，在法律上未见过"日日命令"，他说这跟行军一样，现场可发命令，等于军令。我于是受命出来组织"三民主义青年团"（以下简称青年团）。

张士德刚回台湾的时候，真是风光极了。我陪他走过台北、淡水、三芝，也到过宜兰、罗东、新竹、台中等地，所到之处，狮阵、锣鼓声、鞭炮声响彻云宵，甚至还有杀猪公欢迎的，简直比请"妈祖"还热闹，于此可见台湾人对"祖国"的热情。当我受命筹组"青年团"的时候，不要说大家，就连我自己本身也弄不清楚它在国内政治体系上的定位与功能，更遑谈对国内复杂政情的认知与了解了。但每一位有良知、有血性的台湾人都想对祖国有所奉献，很多人都涌来参加"青年团"，正如吴新荣所说："这个响亮的名字已使每一个来投者都感觉非常的光荣和骄傲"，所以台北分团很快就组织起来了。

张克敏与台湾学生领袖郭琇琮接触，动员其加入三青团。据"二·二八"亲历者、台盟盟员陈炳基回忆：

一九四五年约九月五日，日据时代台湾农民组合的中坚分子，因为日警的通缉而逃亡大陆参加抗战的张士德，以国民党上校军官的身份，回台筹划成立国民党三青团台湾区团。为了拉拢当时台湾的青年学生，他于是亲自到台北监狱的牢房里，把学生领袖郭琇琮接出来。

张士德当然知道郭琇琮对台湾知识青年有很大的号召力，因而权力想拉拢他。但郭琇琮对实际的政治权力并没有什么野心，因此就以学业未完来拒绝他。

张克敏动员谢雪红、简吉、苏新、萧来福、王万得、潘钦信等老台共的领导人参加三青团。虽然谢雪红参加该组织，但她对张克敏有所警惕，谢雪红创建的人民协会主要成员没有参加三青团。1945年10月下旬，谢雪红与张克敏在人民协会本部会面，据当事人杨克煌回忆：

谢雪红拉张士德出去，我也跟着出去，谢把张带到另一无人的大房间（农民协会成立大会的会场），谢又拉张坐在地板上，我觉得她是要先打下张的威风。然后，谢雪红即质问张士德："你现在是什么政治身份？负有什么任务回台湾？"张士德这时头就垂下来，说："我叛变了，1928年年底我回到大陆，在苏区再和党发生组织关系，参加红军的工作，但后来因苏区的生活太艰苦，我吃不消，于是我逃跑了。其后即去投靠国民党……"

谢雪红又问张士德："听说你在台北放出空气说要解散全省的人民团体，有没有这回事？"张士德说："我没有说过这种话。"于是，谢把张士德放回去了。

张克敏离开人民协会本部后，当晚参加台中民众为他在醉月楼举行的欢迎会，谢雪红和杨克煌受邀出席。

张克敏与台湾进步人士频繁接触，吸纳日据时代的台共、文化协会、农民组合、工友会等组织成员参加三青团，并分任三青团在台湾各地分会的负责人。台湾民众对回归祖国，满怀极大热情和期待。当时国民政府接收部队尚未赴台，从他们对国民党上校军官张克敏的欢迎，对其组织的三青团的响应，足见他们对国民政府的热情程度。三青团得到台湾同胞的大力支持，组织很快扩展，成为当时台湾具有广泛影响力的民间政治团体，在祖国尚未接收台湾之前，在维持台湾社会秩序方面发挥了重要作用。

黄埔第四期 蔡祝火

蔡祝火，台湾台中人。1926年1月考入黄埔军校，为黄埔第四期学员。

黄埔第四期 廖武郎

廖武郎（1905－1929年），字玉龙，台湾苗栗人。祖籍广东大埔。1920年前后赴祖国大陆，就读于汕头华英中学。1926年1月考入黄埔军校步兵科（步兵第一团第三连），为黄埔第四期学员。1926年10月毕业。随部参加北伐战争，任国民革命军步兵营政治指导员，国民革命军总司令部参谋。据1943年出版的《民国大埔县志》记载，廖武郎"在赣、皖、江、浙、宁、汉等地司谍报，以功升参谋本部上校参谋，十八年（1929年）秋奉命与丘文赴粤任联络事宜，后与丘文赴潮梅公干，竟同罹难于坪砂公学校"。

黄埔第四期 林梦飞

林梦飞（1909－1994年），名子晖，台湾台北人。1914年随父赴祖国大陆，就读于厦门延陵小学。1923 年考入厦门中华中学。1925 年 6 月，受厦门响应上海"五卅运动"而开展的反帝爱国活动影响，怀着从军报国的理想弃笔从戎，参加厦门学生军训练。1926 年 1 月，考入黄埔军校，为黄埔第四期学员。在黄埔政治教官恽代英、肖楚女、陈启修、廖戈平、沈雁冰等人的影响下，对马列主义思想有了初步认识，与黄埔军校左派人士来往，具有倾共思想。据林梦飞回忆：

> 当时黄埔军校学生内部的政治思想已经形成两个对立派系，即左派的青年军人联合会和右派的孙文主义学会。我当时是站在左派一边的。

林梦飞

1926 年 10 月从黄埔军校毕业后，林梦飞随部参加北伐战争，任国民革命军第十一军二十四师叶挺部七十二团任连政治指导员。曾任黄埔军校第六期第二总队工科中队第二区队区队长。[①] 1927 年在反击湖北军阀夏斗寅进攻武昌的战役中负伤。1927 年 7 月，二十四师开往江西，在虎岗宣布起义，林梦飞因伤未愈，未能追随部队。后与中共台籍党员、黄埔同学林树勋、张克敏等人一起赴上海。在上海活动时，因有人告密而被捕入狱。后林梦飞辗转到厦门，与同安中共党组织取得联系，组织农会，参加中共的地下活动。许国仁的《林梦飞先生传略》写道：

> 不久，梦飞等三人利用机会脱逃回厦，由林剑鹏（林树勋）介绍，梦飞认识了中共党组织在厦门的负责人潘钦慎（潘钦信），他化名子晖，帮助散发传单，贴标语，后被派到同安马巷洪厝村组织农民协会，开展农民运动，在当时福建省委李

---

①陈予欢《雄关漫道：黄埔军校第四期生研究》，中山大学出版社，2009 年，第 237 页。

松林、陈少微的领导下，曾跟他们下乡搞调查，负责军事训练工作。后林剑鹏、张克敏在惠安涂岭，因身份暴露被捕；同安洪厝村也被包围，梦飞刚外出在海澄港尾，听说家里被搜查，一些朋友跑光，他于当天下午到鼓浪屿，搭轮赴汕头躲避。

林梦飞结识中共厦门市委常委、台湾同乡潘钦信，在同安洪厝村开展农运时，亦对在惠安特支负责农运和武装斗争的林树勋、张克敏的活动情况有所了解。惠安特支被敌人破坏，同安洪厝村联络点亦被敌人搜查监控，林梦飞接到地下联络点被暴露的消息后，离开同安赴汕头，与组织失去联系。

1928年5月，林梦飞考入南京军官团步兵科，1929年4月肄业后被派到福建四十九师张贞部，先后任上尉营副、少校营长等职。1932年9月离开张贞部，在上海保安处任上尉中队长。1934年在江西庐山军事教官训练班受训。1935年年底回闽。1936年5月至1942年12月，先后任武平、永泰县县长，闽南抗日自卫团团长等职。1946年10月至1948年10月，任国民大会代表。1948年后，曾任福建省保安司令部少将处长、第四行政公署专员兼少将保安司令、厦门警备司令部少将参谋长等职。林梦飞利用职务之便，营救中共永春、南安地委负责人王兆阳等人，释放参加中共地下活动的70余人，并策动三二五师起义。任专员时，林梦飞与中共闽中游击队泉州团队联系。1948年7月，在厦门参加三民主义同志联合会，与中共华南局潘汉年联络。1949年8月，进入闽中游击队泉州团队所在地南安岭兜，后随中国人民解放军第十兵团入厦，是厦门有名的起义将领。新中国成立后，参加新中国建设，致力于祖国统一，曾任民革中央委员、福建省委主任委员，是福建省第六届政协副主席。

黄埔第六期 陈辰同

陈辰同（陈神童），台湾台北人。1926年10月考入黄埔军校，为黄埔第六期学员。1926 年 12 月参加广东台湾学生联合会。1927 年 3 月参加广东台湾革命青年团，任该组织庶务部部长。1927 年蒋介石"清党"时，离开广州到武汉。1927 年 12 月，参加中共领导的广州暴动，失败后到海陆丰继续武装斗争。1928 年 2 月到福建，被派至漳州从事地下工作。1928 年 6 月，中共福建省临委代理书记陈祖康叛变革命，投靠驻漳州的国民党四十九师师长张贞，并致书陈辰同，试图拉拢，但陈不为所动。1928 年 7 月以后，陈辰同先后担任中共龙溪县委书记、中共永春县委书记。后被派回漳州，任中共漳州县委常委，积极开展工人运动、农民运动和学生运动。1928 年 12 月 11 日，广州暴动一周年纪念日，陈辰同在漳州散发纪念广州暴动传单，被国民党张贞部逮捕。面对审讯，为保守党的秘密，陈辰同坚决否认自己的中共党员身份，但叛徒陈祖康却当面对证，指认陈辰同是共产党员，陈辰同痛斥叛徒。1928 年 12 月 20 日，陈辰同与闽南、漳浦农运领导人李联星，龙岩县委书记罗准盛一起在漳州牺牲。

关于陈辰同在闽南参加革命活动的相关情况，谢雪红在《我的半生记》中留下了片断记录。谢雪红回忆：

> 在我回到台中后不久（六月间），二姐因糖尿病去台中医院住院，我去陪伴她，这时由闽南回台的陈新童同志，到医院来找我几次。他告诉我，他是在闽南加入中共党的，我则给他介绍台共成立的大概经过。他说在闽南另有几个他认识的台籍中共党员，又说他们可以回来参加台湾的革命；不久，他再回闽南，但没有多久就听到他牺牲了。1931 年，我因台共事件被捕后，起初敌人问我怎样取得同上级联系问题时，我都编造是这一次陈同志来找我时取得联系的；在二十多次口供中，都是这样说的。

谢雪红提到的"陈新童"即"陈辰同"。1928 年 6 月，陈辰同在台中与谢雪红接触，相互公开政治身份，并就各自掌握的中共和台共的相关情况进行沟通。日后因台共事件被捕的谢雪红，以此次与陈辰同的会面，来掩护她与中共的关系，使日本殖民当局对她所"供认"的与中共上级党的联络渠道"死无对证"。

黄埔第六期 林树勋

林树勋（林剑鹏），台湾新竹人。1926 年 10 月考入黄埔军校，为黄埔第六期学员。加入中共。[1] 1927 年 11 月，受中共闽南临委派遣，林树勋与中共党员、黄埔军校同学张克敏共赴惠安，开展农运和武装斗争工作。1927 年 12 月 1 日，中共惠安特别支部（亦称涂岭区委）在惠安涂岭，将农民自卫军（近 1000 人）改编为惠安工农革命军，下辖 13 个连队，惠安成为全省四个游击暴动区之一。1928 年 2 月，中共惠安特支书记王德彰与张克敏、林树勋等 4 人被捕，惠安特支遭破坏。后林树勋经厦门台湾同乡会营救获释。

1930 年 6 月，林树勋以厦门中华中学代表身份，参加詹以昌、曹炯朴、王溪森等人召集厦漳两地台湾学生，重建闽南（台湾）学生联合会的筹备工作。据日警档案记载：

> 昭和五年（一九三〇年）六月一日，在厦门中华中学第四教室由该校学生林树勋主持召开第一次组织准备会。漳州第十一高级中学代表施怀清，第八中学代表廖国，崇正中学代表某某，集美中学代表詹以昌、高文波、邱克修，中华中学代表林树勋、邱仁村、陈启仁，厦门中学代表等共襄盛举。然后从集美中学选出三人、漳州中学二人、厦门中学一人、中华中学二人为筹备委。由漳州中学代表负责起草会章，中

---

[1] 许国仁《林梦飞先生传略》，载中国人民政治协商会议厦门市委员会文史资料委员会编《厦门文史资料第二十一辑》，1994 年，第 60 页。

华中学负责外交事务，集美中学各代表负责总务事务。决定以共产主义者潘钦信、陈新春为筹备会特别委员接受其指导。六月五日，在中华中学由施怀清主持召开第二次准备会。施怀清、邱克修、蔡高林、高水生、林树勋、陈启仁、苏望村、潘钦信、王溪森、陈新春等人都出席，进行成立仪式的准备工作。六月九日，在厦门中学的礼堂秘密举行成立仪式。出席者有集美中学的詹以昌、曹炯朴、王登才、高水生、董文霖、綦怀深，中华中学的林树勋、陈启仁、曹云樵、李盛田，漳州第十一高级中学的施怀清，第八中学的沈连白，厦门职业学校的高某，厦门中学的苏望村，以及指导者潘钦信、陈新春、王溪森、卢丙丁等七名。

从日警的调查档案可见，林树勋在厦门台湾青年中十分活跃，具有较强的组织力和号召力，并负责组织重建联合会的第一次筹备会。1930 年 6 月 9 日，扩大的闽南（台湾）学生联合会在厦门中学礼堂秘密成立，林树勋参加成立大会。该组织对抗日革命活动提出如下要求："与中国各地的台湾学生互相提携。与各地的青年团、学生会以及台湾岛内解放运动团体密切联络。支持中国共产青年团。进行救济台湾岛内社会运动牺牲者、中国的贫困学生与避难者的运动。"并指出，"凶暴的日本帝国主义不断地蹂躏我等四百万同胞，因此，我等的斗争工作一日也不能停止。我等闽南台湾学生联合会正准备做殊死的斗争。它是在台湾解放运动的过程中产生的。"联合会的重建得到翁泽生的指导，依照上海台湾青年团的模式组织，以社会科学学习与研究和反帝运动为主。

1944 年，林树勋参加李友邦领导的台湾义勇队，任组训股长。在台湾义勇队给国民政府军委会政治部部长张治中的兵役名册中，对林树勋的简介记录如下：

林树勋，男，34 岁，台湾籍，厦门大学法律系肄业，福建省县政人员训练所兵役系毕业，曾任金门中学教员暨县政府兵役科科长。

这段简历隐瞒了林树勋的黄埔生经历及中共党员身份。或许，当时林树勋是以中共的秘密身份参加台湾义勇队。1944 年 11 月，林树勋参加三青团台湾义勇队第二届团员大会，当选为提案审查委员会委员、决议整理委员会委员、大会宣言起草委员会委员，可见林树勋是这支抗日队伍的重要成员之一。

黄埔第六期 杨春锦

杨春锦（陈春锦），台湾桃园人。其兄为中共党员、台湾农民运动领导人之一的杨春松。1925 年杨春锦毕业于台北工业学校。后赴日求学，信仰马克思主义，在东京与留日进步学生组织"文运革新会"。1926 年夏赴祖国大陆，同年 10 月进入黄埔军校，为黄埔第六期学员，改名杨刚。后加入中共。[1] 曾参加由李友邦负责的"台湾地区工委会"工作。1926 年 12 月，广东台湾学生联合会成立，杨氏三兄弟杨春荣、杨春松、杨春锦一起参加该台湾人抗日团体。1927 年 3 月 27 日，杨春锦参加广东台湾革命青年团成立会。1927 年因蒋介石"清党"，杨春锦离开广州赴武汉，入叶剑英率领的黄埔教导团任连长。1927 年 12 月，参加中共领导的广州暴动，黄埔教导团是此役的主力军。1928 年杨春锦在海丰战役中牺牲，年仅 25 岁。

---

①杨秀瑛《怀念我的父亲杨春松》，中华全国台湾同胞联谊会编《台湾同胞抗日五十年纪实》，中国妇女出版社，1998 年，第 329 页。

黄埔第六期 林万振

20世纪30年代《台湾日日新报》上所刊载"台湾战线社"成员林万振

林万振，台湾南投人，1926年10月考入黄埔军校，为黄埔第六期学员。1927年3月参加广东台湾革命青年团，任该组织外交部部员。1927年8月，在日警对广东台湾革命青年团实施的大检举中被捕。日警档案对林万振被捕后的信息记录如下："八月二十一日，提请预审，翌昭和三年（1928年）二月二十一日，宣告免诉，检察官不服，抗告，决定有罪。"1928年12月4日，林万振被日本殖民当局判刑一年六个月，缓刑四年。林万振等因"广东事件"而被遣返回台的广东台湾革命青年团团员，被台共作为发展党员的主要对象。1930年八九月间，林万振参加谢雪红等人组织的台湾战线社，1931年因"台共事件"被捕。

黄埔第六期 郭御屏

郭御屏，台南人，曾在厦门读中学，1926年10月考入黄埔军校，为黄埔第六期学员。1927年蒋介石"清党"时，离开广州赴武汉，与中共台籍党员王万得联络。1927年7月以后返回台湾。1929年1月，王万得在台南港町与郭御屏联系。

黄埔第六期 罗崇光

罗崇光，台湾新竹人。1926 年 10 月考入黄埔军校，为黄埔第六期学员。

黄埔第六期 温而励

温而励（幸义），台湾基隆人。1926 年 10 月考入黄埔军校，为黄埔第六期学员。1927 年参加广东台湾革命青年团。1927 年 8 月因"广东事件"被日警逮捕。日警档案对温而励被捕后的信息记录如下："温幸义（基隆），八月二十一日提请预审，翌昭和三年（1928 年）二月二十一日，宣告免诉，检察官不服，抗告，决定有罪。"1928 年 12 月 4 日，日本殖民当局对被检举的广东台湾革命青年团成员作出第一审判决，温而励被判刑一年，缓刑四年。

黄埔第六期 陈旺枞

陈旺枞（陈思齐），台湾宜兰人。1926 年 10 月考入黄埔军校，为黄埔第六期学员。1926 年 12 月参加广东台湾学生联合会。1927 年 3 月 27 日，参加广东台湾革命青年团成立会，任该组织庶务部部员。1928 年因"广东事件"被遭返回台后，曾与台共领导人谢雪红接触。据谢雪红回忆：

> 这次我在台北的期间，有几个人来亚细亚旅社找我，记得陈思齐——他在广东被捕，押回台湾，因缺少证据刚被释放。——也来看过我。

台共第三次中央委员会讨论发展党员问题时，陈旺枞曾被列为发展对象。据谢雪红回忆：

> 当时，发展党员的主要对象是农民组合和文化协会的干部积极分子及上海读书会事件、广东革命青年党（广东台湾革命青年团，笔者注）事件的被捕者（如林文腾、吴拱照、陈思齐、张月澄等，当时有的还在狱内）等有实际斗争经验的人。

抗战全面爆发后，陈旺枞曾在沦陷区广州参加日本人组织的活动。

黄埔第六期 李祝三

李祝三（友嘉），生于1904年，台湾台北人。1928年4月，以福建籍考入黄埔军校第一总队步兵科步兵一大队第二中队，在南京入学，为黄埔第六期学员，1929年5月毕业。后任南京中央军官学校副大队长，加入国民党。[①]

1933年，李祝三在国立暨南大学南洋美洲文化事业部创办的《南洋情报》上，发表《各地侨务局宜速成立》、《华侨对抗战应有之表现》等文章，表达对援助和参加祖国抗战的海外华侨的关切和敬佩之情。李祝三在《华侨对抗战应有之表现》一文中写道：

> 迨至前年，日逆入寇，侵占我利源无限，幅员广大之东北四省，举国痛愤，侨胞尤为激昂，奔走呼号，在海外地方集会聚议，作爱国之运动者，时有所闻，其关心国情，函电询问者，亦纷如雪片，盖华侨爱国心固甚坚厚而恳切也。

从李祝三对海外华侨支援抗战举动的赞赏，可窥见其爱国之情。

---

① 福建档案馆编《台湾义勇队档案》，海峡文艺出版社，2007年，第275页。

1935 年，李祝三在黄埔军校刊物《黄埔》防空专号上，发表文章《对空避难所之设备》，表现出对应对空投毒气和炸弹这一军事领域颇有研究。

1939 年 2 月 22 日，台胞抗日组织台湾义勇队在浙江金华成立，李友邦任队长，李祝三任副队长。根据抗战胜利时军统局成员江秀清给戴笠的台湾义勇队调查材料，李祝三系李友邦的表兄。李友邦和李祝三率领的台胞抗日队伍活跃于祖国东南抗日战场，为祖国抗日战争作出了贡献。

1943 年 1 月 1 日，台湾义勇队刊物《台湾青年》在福建龙岩创刊，队长李友邦为《台湾青年》题写刊名，副队长李祝三任发行人。李祝三在创刊号上以"竹山"署名发表文章《台湾青年运动的回顾》，指出："日本帝国主义者对台湾革命青年的残杀也特别酷毒，在日本强盗占领台湾的最初十年，被屠杀的五十万以上的反抗者之中，占最多数的就是台湾革命青年！"文章以台湾革命志士不屈的反抗精神激励两岸同胞的抗日斗志。1943 年，李祝三任台湾革命同盟会执委，赴重庆参加台湾革命同盟会抗日活动。1944 年年初，李祝三的《台湾青年》发行人职务由牛光祖接任。1944 年，负责收复台湾工作的台湾调查委员会在重庆成立后，台湾义勇队总队长李友邦任台湾调查委员会委员，李祝三随李友邦一起参加该委员会召开的座谈会，在会上表达台胞对收复台湾的决心，并对接收台湾的准备工作建言献策。抗战胜利后，李祝三返台，在台湾警备司令部工作，曾以上校联络官的身份，参与台湾光复的交接工作。

黄埔第六期 李中辉

李中辉（子琛），生于 1904 年，台湾人。1928 年 4 月，以福建籍报考黄埔军校步兵科（第一总队），在南京入学，为黄埔第六期学员，1929 年 5 月毕业。抗战时期参加李友邦率领的台湾义勇队，曾任义勇队政训组组长。1944 年 11 月，参加三青团中央直属台湾义勇队分团第二届团员大会，与林树勋等八人当选为决议整理委员会委员。大会讨论李中辉提出的两份议案，一是请政府发还在闽台胞被没收的财产；二是调查为抗战而牺牲的台胞情况，为牺牲台胞举行追悼活动，申请抚恤金等事宜。大会通过这两份议案。

李中辉关于抗战牺牲台胞的议案，据福建省档案馆编《台湾义勇队档案》记录：

提案人：李中辉

案文：请分团部调查抗战期间为国效忠被难之台胞，俾便转请抚恤并举行追悼，以慰忠魂案。

理由：溯自抗战以来，我台胞为忠党爱国牺牲于疆场者颇多，其成仁赴义之精神永未泯灭，今台湾收复在途，本分团亟须进行调查，俟将来转请抚恤为国牺牲眷属，应举行追悼，以慰幽魂。

办法：（1）宣社股先行负专责调查牺牲台胞并搜集死者相片史略等，以为将来转请抚恤之准备。（2）调查后由本分团定期发起追悼大会。

黄埔教官 陈岚峰

陈岚峰（1904－1969 年），原名岸浦，号南光，台湾宜兰人。1919 年赴祖国大陆，在上海考入暨南大学附属中学，毕业后考入上海暨南大学政治经济系。

当时祖国大陆军阀割据，陈岚峰感慨："欲拯救中华民族，非革新军队不可"，遂弃文就武，于 1924 年 10 月考入日本陆军士官学校，为第十七期学员。在日本陆军士官学校读书期间，陈岚峰与第十六期学员、台湾同乡黄南鹏交情颇深，他们与来自祖国大陆的学员建立了友谊。陈岚峰在日本军校研习军事理论，对阵地、攻城等战术研究有较深造诣。

1926 年 7 月从日本陆军士官学校毕业后，陈岚峰满怀报国之志进入黄埔军校，任军事教官（官阶相当于少校）。① 陈岚峰以黄埔教官身份参加北伐战争。1927 年 6 月，陈岚峰奉调任国民革命军东路军总指挥部参谋，随总指挥何应钦，由广东经福建、浙江至徐州，一举荡平军阀孙传芳部队。1928 年，陈岚峰调任南京中央军官学校大队长。随后任中央军官训练团第一连连长，该连学员均为黄埔军校第一至第五期学员。后任第四师参谋处长、第四十九师少将团长等职。抗日战争爆发后，陈岚峰随汤恩伯部转战南北，参加抗日战斗。关于陈岚峰之抗战经历，台湾《传记文学》第四十九卷第三期《民国人物小传》记载如下：

> 二十五年，日军侵入热河、察哈尔等华北诸省，岚峰奉命北上，率军前往内蒙百灵庙，防守边塞重镇。二十六年卢沟桥事变爆发，时岚峰任第八十九师少将旅长，隶属于汤恩伯部，得偿抗日夙愿，转战南北，参与大小会战数十次。

陈岚峰在抗日战场上骁勇善战，立下显赫战功。1945 年 8 月抗战

1945 年，担任宜兰县监察院监察委员的陈岚峰

---

① 《陈岚峰传》，台湾《传记文学》第 49 卷第 3 期，1986 年 9 月，第 143 页。

胜利后，陈岚峰奉命接收徐州，参与在徐州的受降工作。其后部队整编，调任国防部少将部员。

不久，陈岚峰退役回家乡台湾，他是一名颇具影响的台湾政治人物，具有较强的号召力和凝聚力。1948 年以后，陈岚峰先后担任国民政府监察院监察委员，闽台区监委行署委员，台湾省党部委员，台湾农林公司董事长，监察院国防委员会召集人，国民党第十届中央评议委员等职。1969 年 6 月，陈岚峰在台北病逝。

由于史料所限，本文无法逐一列出 19 位走进"革命的黄埔"的台湾人略传，其中有的人，仅能窥见他们模糊的脚印。虽然如此，我们仍然能感受到他们激荡的青春和热血，感受到扑面迩来的"黄埔精神"和祖国情怀。

主要参考文献

一、著作

1. 陈逸松口述、吴君莹记录、林忠胜撰述：《陈逸松回忆录（日据时代篇）》，台北：前卫出版社，1997 年 11 月。

2. 陈予欢：《雄关漫道——黄埔军校第四期生研究》，广州：中山大学出版社，2009 年 12 月。

3. ［俄］郭杰、白安娜著，李随安、陈进盛译：《台湾共产主义运动与共产国际（1924－1932）研究·档案)》，台北：台中研院台湾史研究所，2010 年 6 月。

4. 福建省档案馆编：《台湾义勇队档案》，福州：海峡文艺出版社，2007 年 1 月。

5. 古瑞云：《台中的风雷》，台北：人间出版社，1990 年 9 月。

6. 广东革命博物馆编：《黄埔军校史料》，广州：广东人民出版社，1985 年 5 月。

7. 何池：《翁泽生传》，台北：海峡学术出版社，2005 年 6 月。

8. 何池：《民主革命时期中国共产党指导台湾革命研究》，台北：海峡学术出版社，2008 年 4 月。

9. 湖南省档案馆编：《黄埔军校同学录》，长沙：湖南人民出版社，1989 年 7 月。

10. 胡治安：《统战秘辛——我所认识的民主人士》，香港：天地图书有限公司，2010 年 2 月。

11．黄玉斋：《台湾抗日史论》，台北：海峡学术出版社，1999 年 6 月。

12．李友邦：《台湾革命运动》，福建：台湾义勇队出版，1943 年 4 月。

13．林献堂著、许雪姬等注解：《灌园先生日记（六）：一九三三年)》，台北：台中研院台湾史研究所筹备处，2003 年 7 月。

14．戚嘉林：《台湾史》，海口：海南出版社，2011 年 5 月。

15．苏新：《愤怒的台湾》，台北：时报文化出版企业有限公司，1993 年 3 月。

16．苏新：《未归的台共斗魂》，台北：时报文化出版企业有限公司，1993 年 4 月。

17．台湾义勇队编：《台湾先锋》第 1—10 期，浙江：台湾义勇队出版，1940 年 4 月至 1942 年 12 月。

18．王乃信等译：《台湾总督府警察沿革志》第二卷《台湾社会运动史》一至五册，台北：创造出版社，1989 年 12 月。

19．谢雪红口述、杨克煌笔录：《我的半生记》，台北：杨翠华出版，2004 年 8 月。

20．杨渡：《简吉——台湾农民运动史诗》，台北：南方家园文化事业有限公司，2009 年 1 月。

21．杨锦和、洪卜仁：《闽南革命史》，北京：中国计划出版社，1990 年 4 月。

22．杨克煌：《我的回忆》，台北：杨翠华出版，2005 年 2 月。

23．杨克煌：《台湾人民民族解放斗争小史》，武汉：湖北人民出版社，1956 年 11 月。

24．叶荣钟：《台湾人物群像》，台北：时报文化出版有限公司，1995 年 4 月。

25. 张深切：《里程碑》，台北：文经出版社，1998 年。

26. 郑晶莹：《台胞赤子情》，北京：台海出版社，2006 年 3 月。

27. 郑启幕：《台湾少年》，北京：台海出版社，2002 年 10 月。

28. 中共惠安县委党史研究室编：《惠安暴动》，厦门：鹭江出版社，1991 年。

29. 中华全国台湾同胞联谊会编：《台湾同胞抗日 50 年纪实》，北京：中国妇女出版社，1998 年 6 月。

30. 中华全国台湾同胞联谊会编：《为新中国诞生而奋斗的台湾同胞》，北京：台海出版社，2004 年 10 月。

二、文章

1. 陈在正：《李友邦有关历史问题探讨》，厦门：2004 年海峡两岸台湾史学术研讨会论文集。

2. 何池：《台湾同胞在闽南的抗日斗争概述》，福州：《福建党史月刊》，2006 年第 1 期。

3. 黄莘：《跟随李友邦总队长的足迹》，北京：《台声》，1999 年第 3 期。

4. 蒋宗伟：《日据时期台湾青年赴大陆求学探略》，厦门：《台湾研究集刊》，2007 年第 4 期。

5. 李钦郎：《我院创建共青团组织的第一人——李友邦》，北京：中国美术学院团委网站，2011 年 12 月。

6. 林江：《回忆我的父亲翁泽生》，福州：《福建党史月刊》，1985 年第 S2 期。

7. 林德政：《黄埔军校的台籍学生》，台北：《近代中国》，第 160 期，2005 年。

8. 刘绍唐：《陈岚峰传》，台北：台湾《传记文学》，第四十九卷第三期，1986 年 9 月。

9. 卢旭东：《中国共产党与台湾抗日义勇队的关系》，杭州：《浙江大学学报（人文社会科学版）》，2000 年第 4 期。

10. 彭澎：《台胞抗日领袖李友邦》，北京：《统一论坛》，1995 年第 3 期。

11. 任民：《台湾义勇队的队刊〈台湾先锋〉》，北京：《黄埔》，2004 年第 4 期。

12. 邰言：《严秀峰眼中的民族英雄李友邦》，北京：《台声》，2007 年第 6、7、8 期。

13.《台湾学生联合会来校参观》，广州：《黄埔日刊》，1927 年 2 月 16 日。

14. 吴克泰、蓝博洲：《隐蔽战线的传奇英雄——张志忠烈士》，北京：《军事历史》，2002 年第 2 期。

15. 吴克泰：《中共台湾地下党张志忠烈士》，北京：《炎黄春秋》，2001 年第 7 期。

16. 吴艺煤：《台盟早期刊物〈新台湾丛刊〉创办经过——纪念台盟成立六十五周年》，北京：《团结报》，2012 年 11 月 8 日第 5 版。

17. 许国仁：《林梦飞先生传略》，《厦门文史资料第二十一辑》，厦门：厦门市政协文史资料委员会，1994 年 12 月。

18. 严秀峰：《李友邦先生事略》，http：//www. luchoulee. org. tw/home203w. htm

19. 张春英：《民主革命时期台湾共产党与中国共产党关系之研究》，北京：《中共党史研究》，2008 年第 5 期。

20.《中国共产党浙江省组织史资料》（1922 年 4 月－1987 年 12 月），北京：人民日报出版社，1994 年 11 月。

后　记

甲午一战，清政府战败，日本强占台湾。台湾民众，誓死抵抗，"义不臣倭"，"决心人人战死而失台，决不愿拱手而让台"。日本据台 50 年，台湾同胞抛头颅，洒热血，前仆后继地反抗 50 年，牺牲了 65 万人，绝不屈服。树立了一座座不朽的历史丰碑，塑造了台湾同胞爱乡爱土的群像。

由于本丛书容量有限，难以把台湾同胞 50 年的抗日英烈事迹全部涵括，我们更期待一本将台胞英烈奋勇抗日的事迹全面收集汇总的书籍能够面世。

本丛书从策划到面世历时 3 年，在此期间得到了国务院台湾事务办公室新闻局、人民日报海外版、重庆徐康同志等的大力协助和支持，在此一并感谢。同时，台盟中央机关的工作人员不辞辛苦，为本丛书出版付出了辛勤的劳动，他们利用业余时间撰写了诸多文稿，为本丛书的形成作出了重要贡献。感谢台海出版社编辑的辛勤劳动，使本丛书能更规范化，文字更严谨，并最终得以出版。需要特别指出的是，由于我们水平有限，书中引用了海峡两岸的学者著作中部分历史资料，力图"原汁原味"地展现史实原貌，这些历史资料的原作者可按相关规定与台海出版社联系。

在此鸣谢国务院台湾事务办公室新闻局、《人民日报》海外版等的大力协助和支持！

今后，我们将继续挖掘整理台胞抗日的英勇事迹，并编撰出版，展现台湾同胞抵抗日本殖民侵略的爱国赤诚，弘扬台湾同胞爱国爱乡的光荣传统，增进两岸同胞休戚与共的民族认同，为推动两岸和平发展、促进祖国和平统一而积极努力。

是以为记。